超易上手

象棋弃子
技巧训练

刘锦祺　编著

化学工业出版社
·北京·

图书在版编目（CIP）数据

超易上手：象棋弃子技巧训练／刘锦祺编著.—
北京：化学工业出版社，2023.11
ISBN 978-7-122-44044-0

Ⅰ.①超… Ⅱ.①刘… Ⅲ.①中国象棋—对局（棋类
运动）Ⅳ.①G891.2

中国国家版本馆CIP数据核字（2023）第154019号

责任编辑：杨松森　　　　　　　　　　　装帧设计：张　辉
责任校对：边　涛

出版发行：化学工业出版社（北京市东城区青年湖南街13号　邮政编码100011）
印　　装：大厂聚鑫印刷有限责任公司
880mm×1230mm　1/32　印张6¼　字数200千字　2024年1月北京第1版第1次印刷

购书咨询：010-64518888　　　　　　　售后服务：010-64518899
网　　址：http∥www.cip.com.cn
凡购买本书，如有缺损质量问题，本社销售中心负责调换。

定　　价：49.80元　　　　　　　　　　版权所有　违者必究

前　言

　　弃子技巧是初、中级爱好者的必修课之一，特别是初学者在对局过程中，往往不敢也不愿弃子，每一个棋子都想保留，显然这样的思维很容易被对手牵着鼻子走，棋局的发展只能越来越困难。

　　什么是弃子呢？简单地讲，就是一方能有计划地牺牲子力来换取形势上的优势或者以牺牲子力为代价来缓解局面危机。本书中所讲的弃子战术仅指主动的弃子，棋手有明确的战术目标，有意去牺牲子力来实现既定目标。如被动的弃子或者盲目的弃子则只能称为丢子，于棋局无利，只会白白损失物质力量，这类弃子是不可取的。

　　本书是一本专门训练弃子技巧的练习册，全书共分为四章，即弃车、弃马、弃炮、弃兵。每一章均划分为"攻杀"和"争先、夺势、谋子"两大类。其中攻杀类包含破坏对方仕（士）相（象），争先、夺势包括多兵、渡兵和占位，而谋子包括先弃后取以及过河兵主动换取对方强子。

　　全书共计400题，以2～6步的练习为主。考虑到弃子技巧的运用往往是一个完整的战术手段，因此在某些题目的参考答案中会再额外推演几步，这并不是无关的步数，而是出于明确最终结果的需要。

　　本书所选习题均经过反复推敲和精心挑选。读者通过反复练习，可以提升捕捉战机的能力，达到争先、谋势乃至制胜的战略目的，从而有效提升全局的攻杀和作战能力。

刘锦祺

目 录

第1章 弃车

攻杀

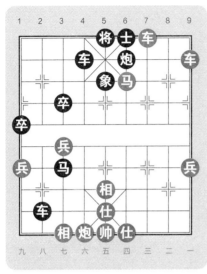

第1题

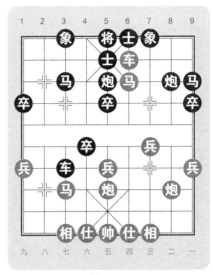

第2题

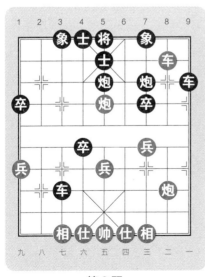

第3题

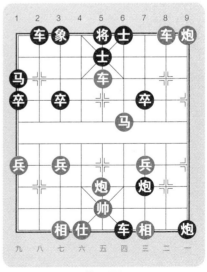

第4题

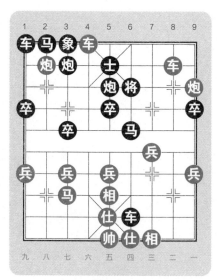

第 5 题

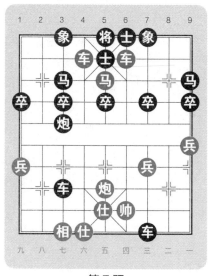

第 7 题

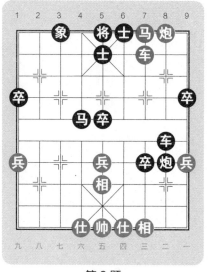

第 6 题

第 8 题

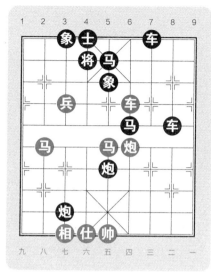

第9题

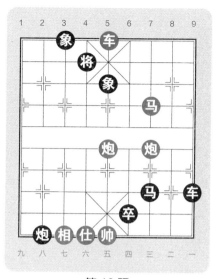

第10题

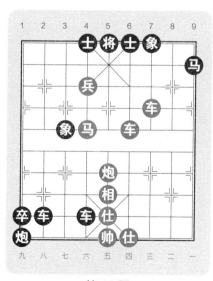

第11题

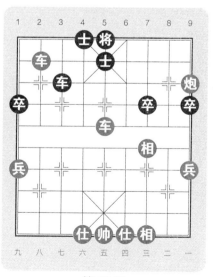

第12题

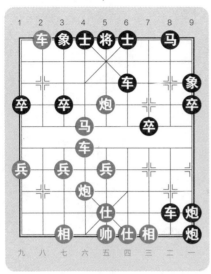

第13题

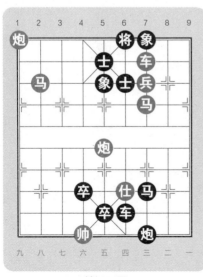

第15题

第14题

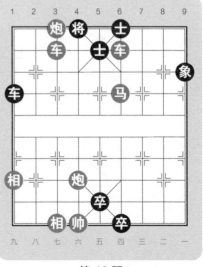

第16题

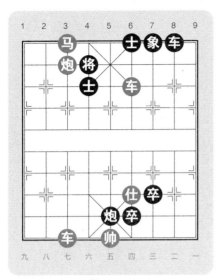

第 17 题

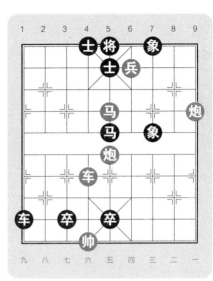

第 18 题

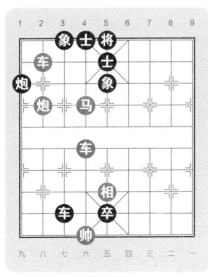

第 19 题

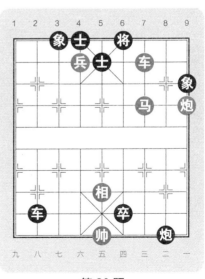

第 20 题

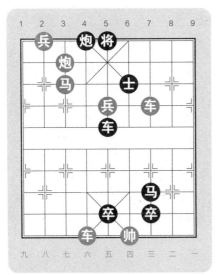

第21题

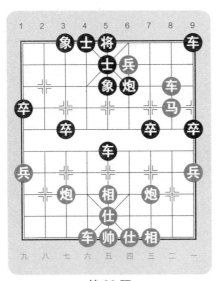

第23题

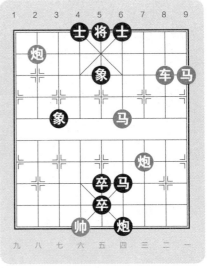

第22题

第24题

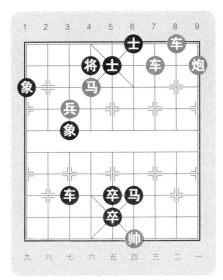

第25题

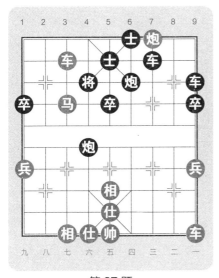

第27题

第26题

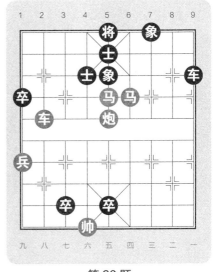

第28题

争先、夺势、谋子

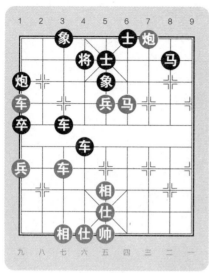

第 29 题

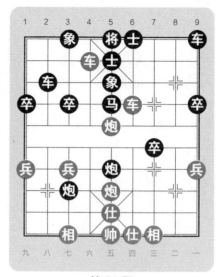

第 30 题

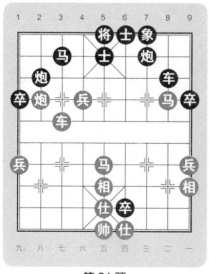

第 31 题

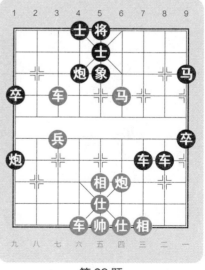

第 32 题

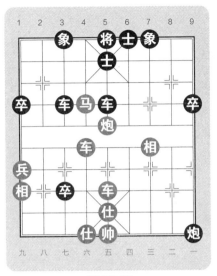

第33题

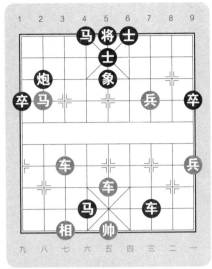

第34题

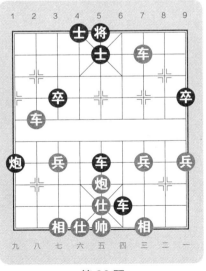

第35题

第36题

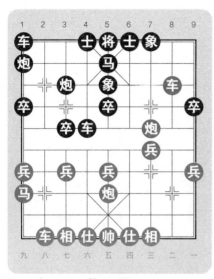

第 37 题

第 38 题

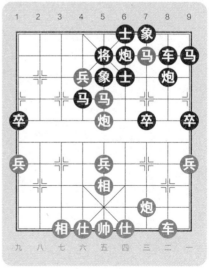

第 39 题

第 40 题

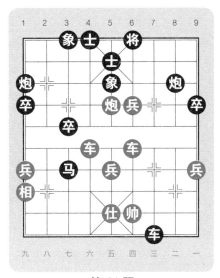

第 41 题

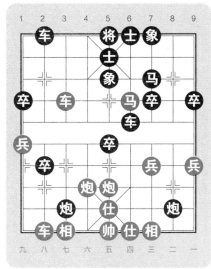

第 42 题

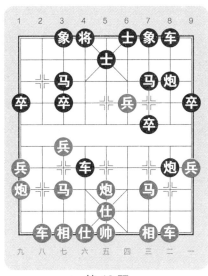

第 43 题

第 44 题

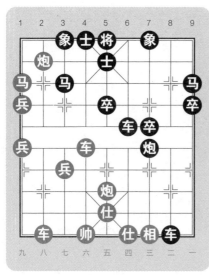

第45题

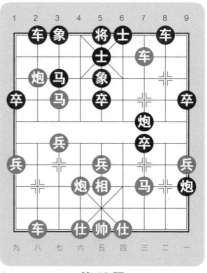

第46题

第47题

第48题

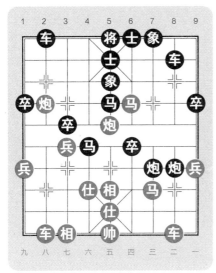

第 49 题

第 50 题

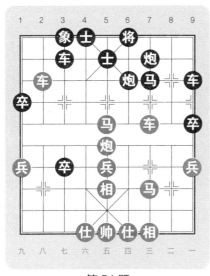

第 51 题

第 52 题

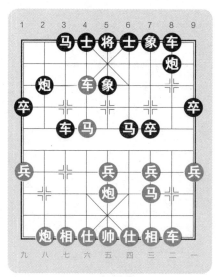

第 53 题

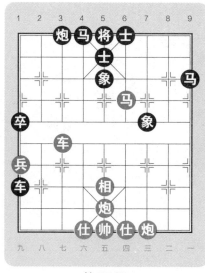

第 55 题

第 54 题

第 56 题

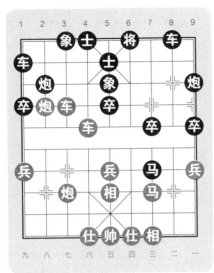

第 57 题

第 58 题

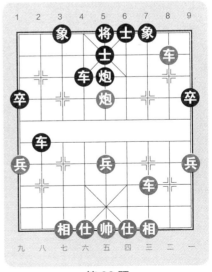

第 59 题

第 60 题

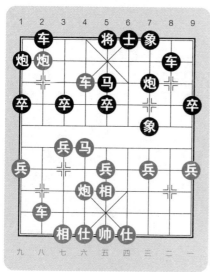

第61题

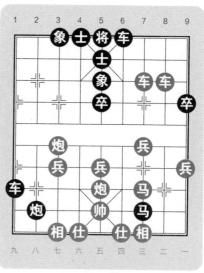

第62题

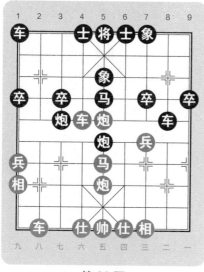

第63题

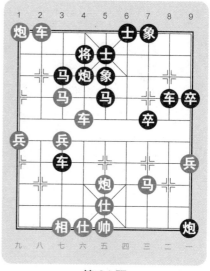

第64题

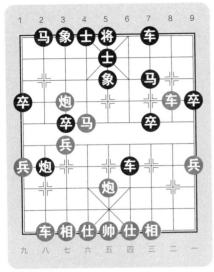

第65题

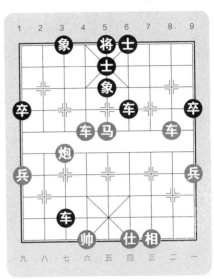

第66题

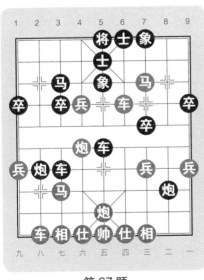

第67题

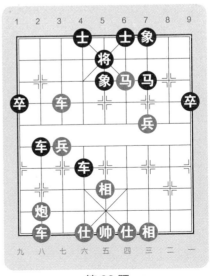

第68题

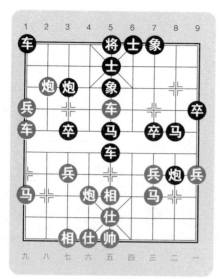

第69题

第70题

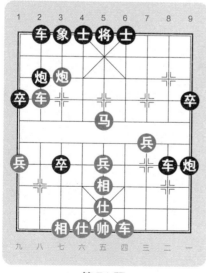

第71题

第72题

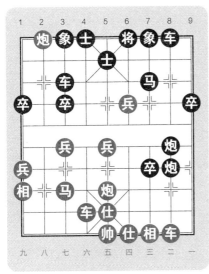

第73题

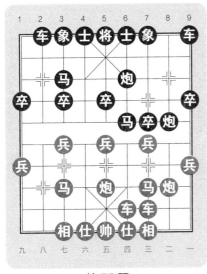

第75题

第74题

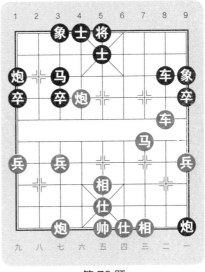

第76题

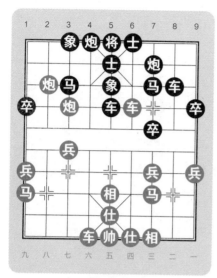

第77題

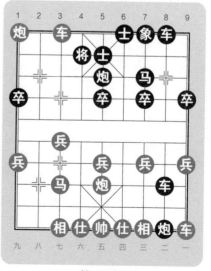

第78題

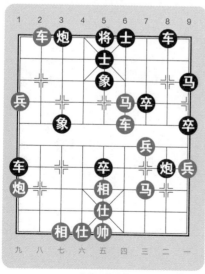

第79題

第80題

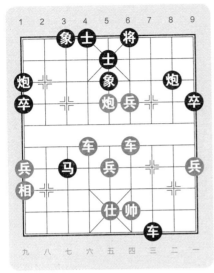

第81题

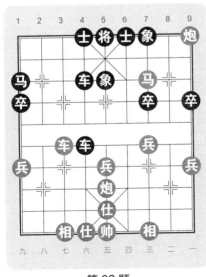

第82题

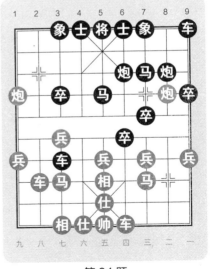

第83题

第84题

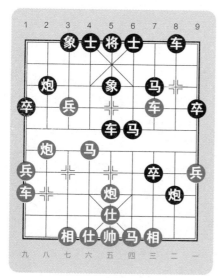

第 85 题

第 86 题

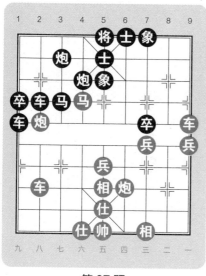

第 87 题

第 88 题

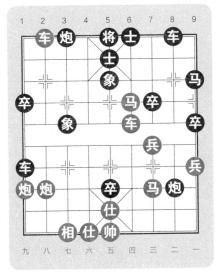

第89题

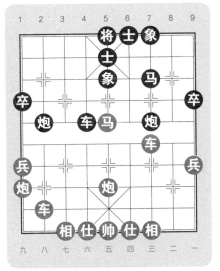

第90题

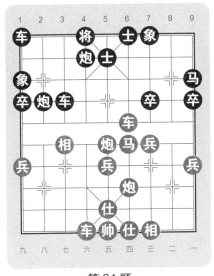

第91题

第92题

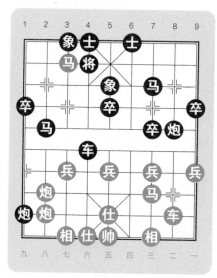

第 93 题

第 94 题

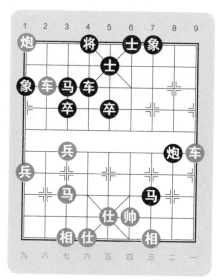

第 95 题

第 96 题

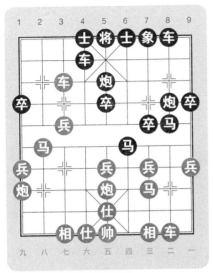

第97题

第98题

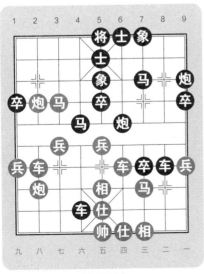

第99题

第100题

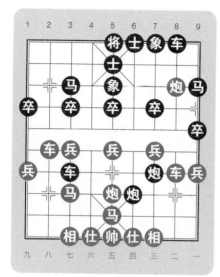

第 101 题

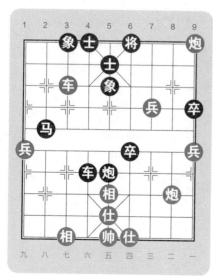

第 103 题

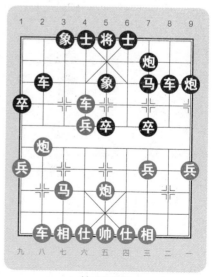

第 102 题

第 104 题

第2章 弃马

攻杀

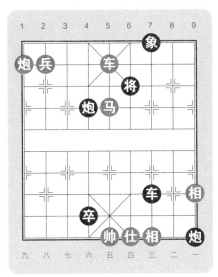

第105题

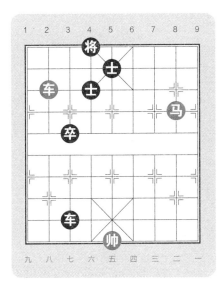

第107题

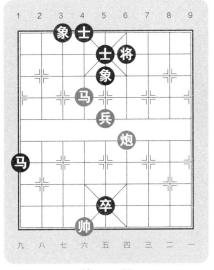

第106题

第108题

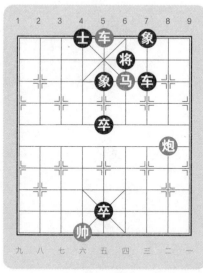

第 109 题

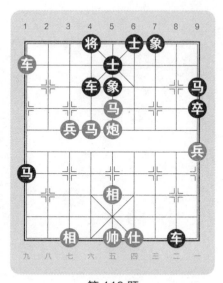

第 110 题

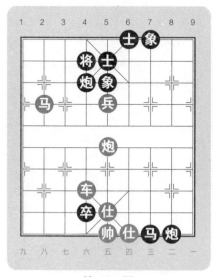

第 111 题

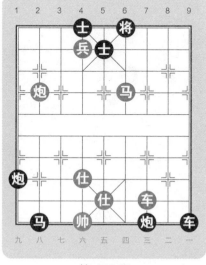

第 112 题

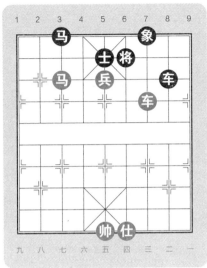

第 113 题

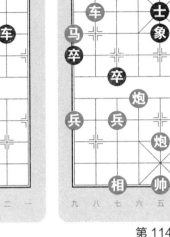

第 114 题

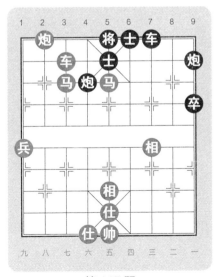

第 115 题

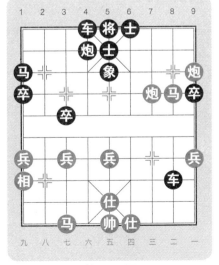

第 116 题

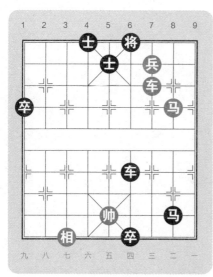

第 117 题

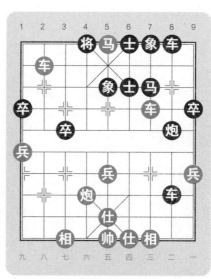

第 118 题

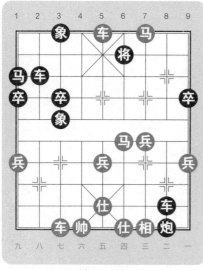

第 119 题

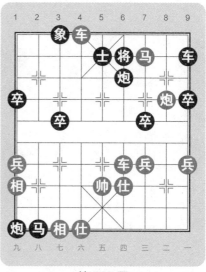

第 120 题

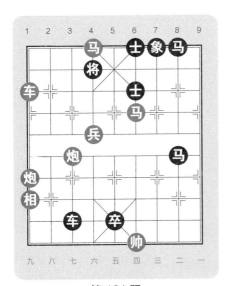

第 121 题

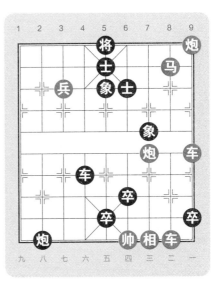

第 122 题

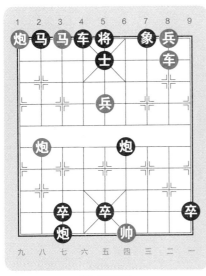

第 123 题

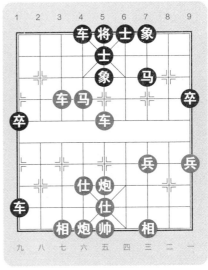

第 124 题

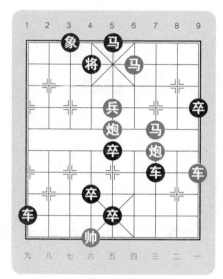

第125题

第126题

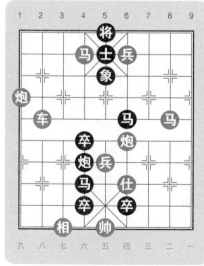

第127题

第128题

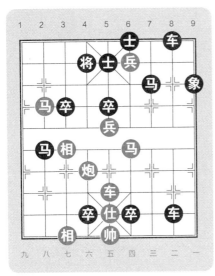

第 129 题

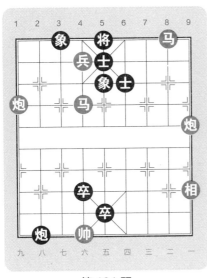

第 131 题

第 130 题

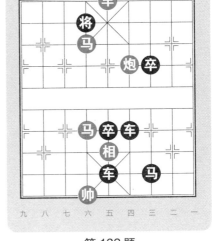

第 132 题

争先、夺势、谋子

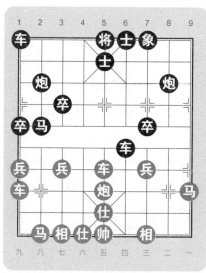

第 133 题

第 134 题

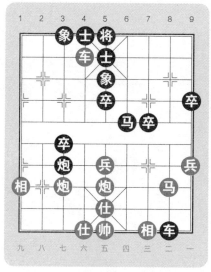

第 135 题

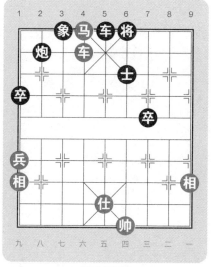

第 136 题

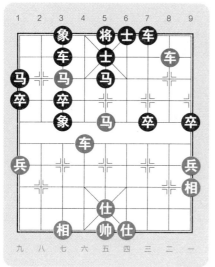

第 137 题

第 138 题

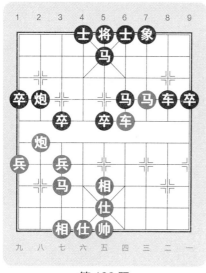

第 139 题

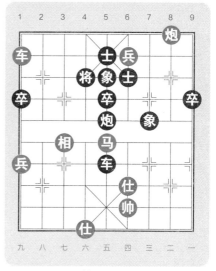

第 140 题

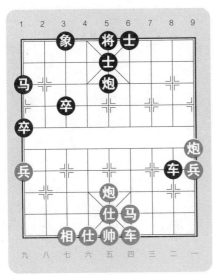

第 141 题

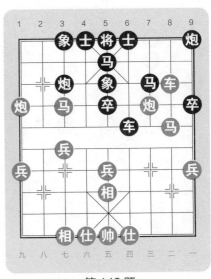

第 142 题

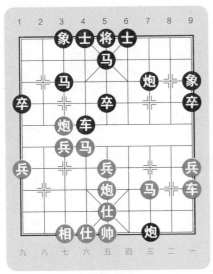

第 143 题

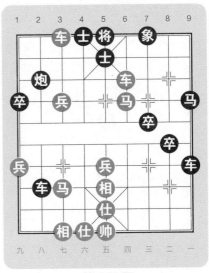

第 144 题

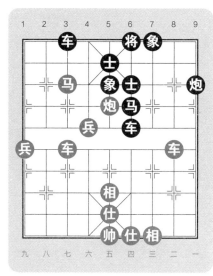

第 145 题

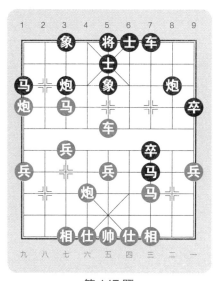

第 147 题

第 146 题

第 148 题

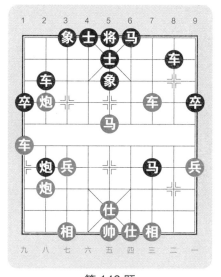

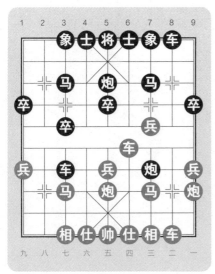

第 149 题

第 150 题

第 151 题

第 152 题

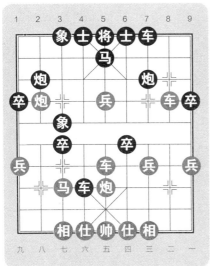

第 153 题

第 154 题

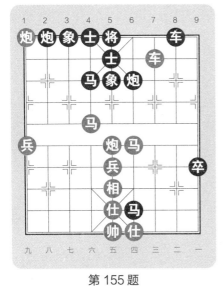

第 155 题

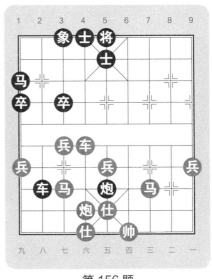

第 156 题

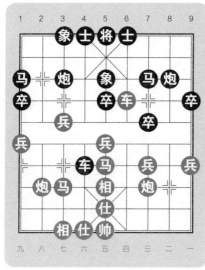

第 157 题

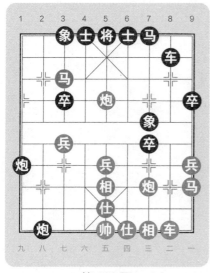

第 158 题

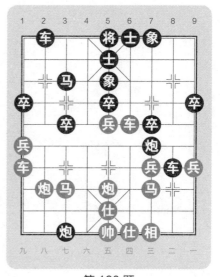

第 159 题

第 160 题

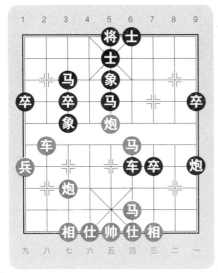

第 161 题

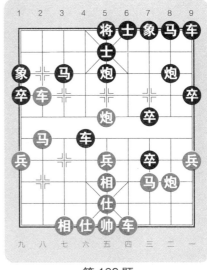

第 162 题

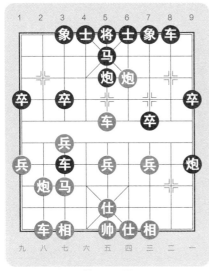

第 163 题

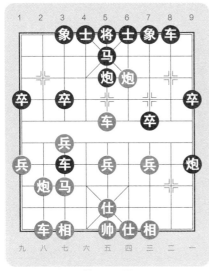

第 164 题

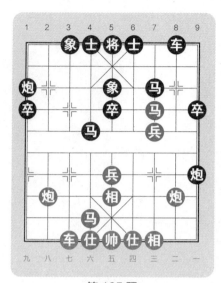

第 165 题

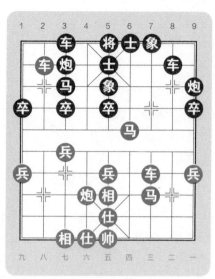

第 166 题

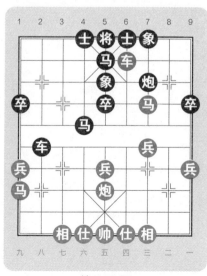

第 167 题

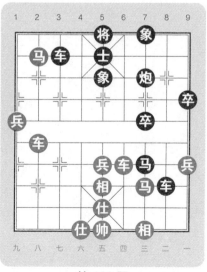

第 168 题

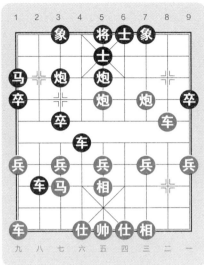

第 169 题

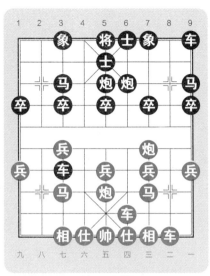

第 170 题

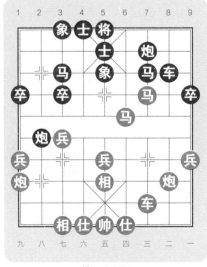

第 171 题

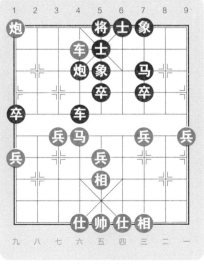

第 172 题

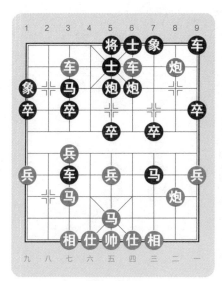

第 173 题

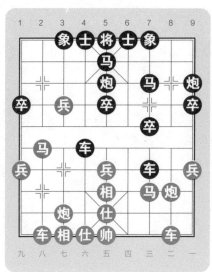

第 174 题

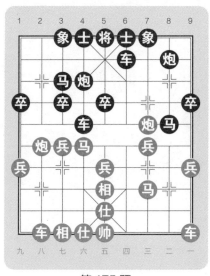

第 175 题

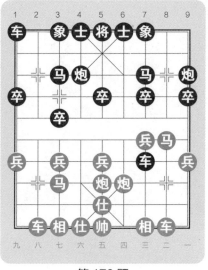

第 176 题

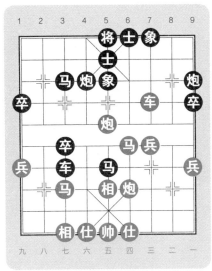

第 177 题

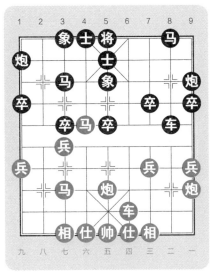

第 178 题

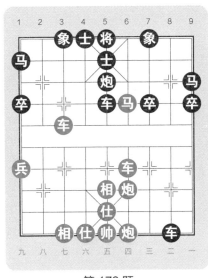

第 179 题

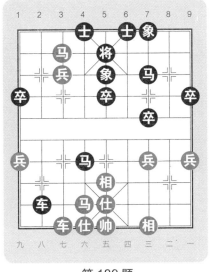

第 180 题

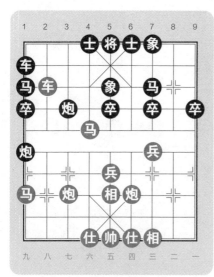

第181题

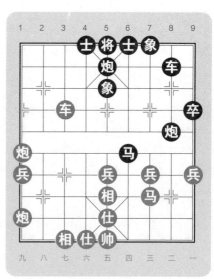

第182题

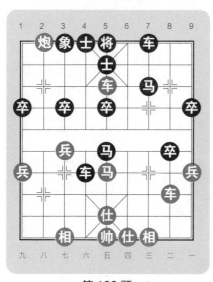

第183题

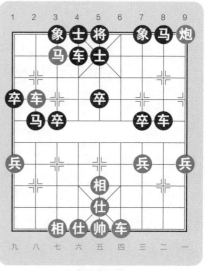

第184题

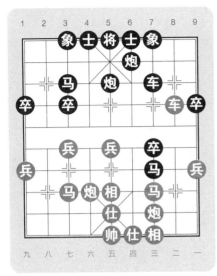

第 185 题

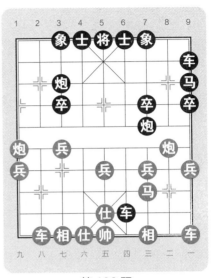

第 186 题

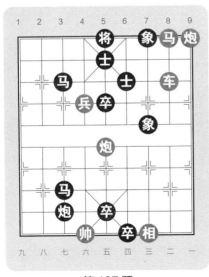

第 187 题

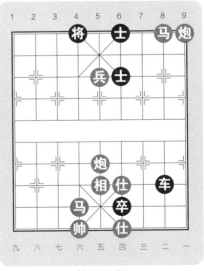

第 188 题

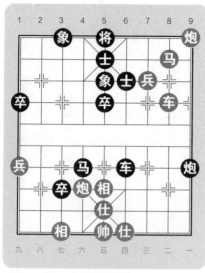

第 189 题

第 190 题

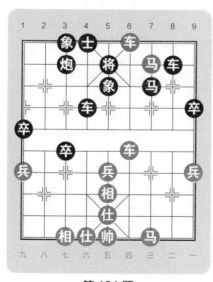

第 191 题

第 192 题

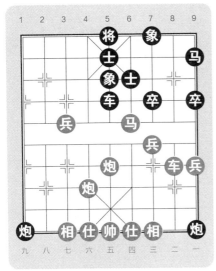

第 193 题

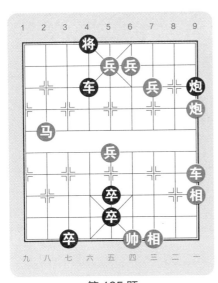

第 195 题

第 194 题

第 196 题

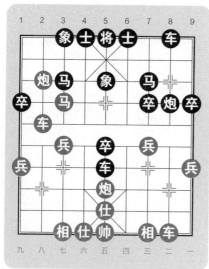

第197题

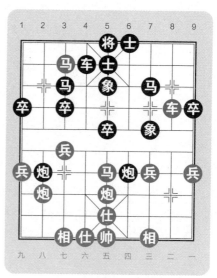

第198题

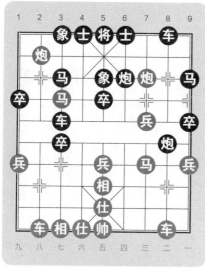

第199题

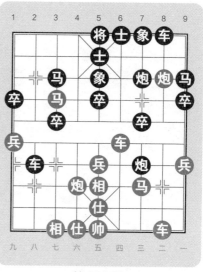

第200题

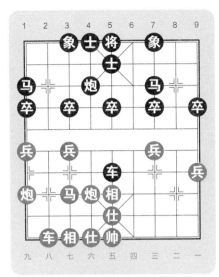

第 201 题

第 202 题

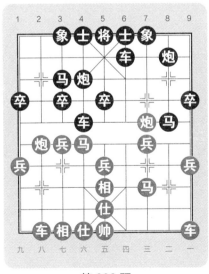

第 203 题

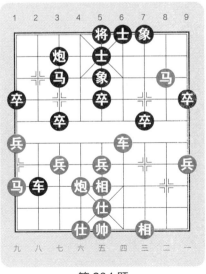

第 204 题

第3章　弃炮

攻杀

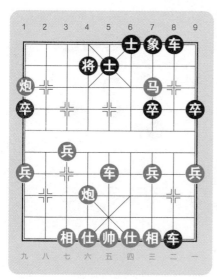

第 205 题

第 206 题

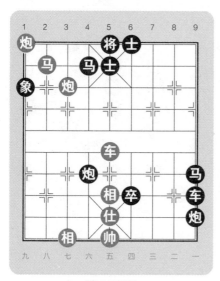

第 207 题

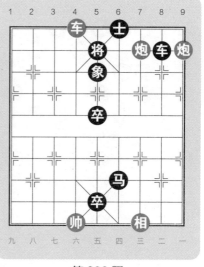

第 208 题

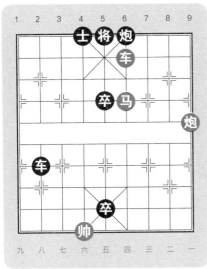

第209题

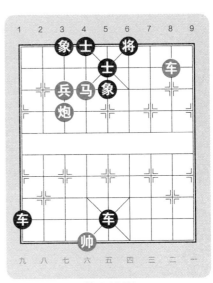

第210题

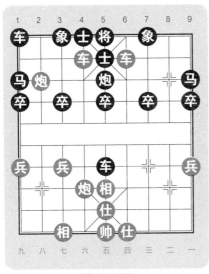

第211题

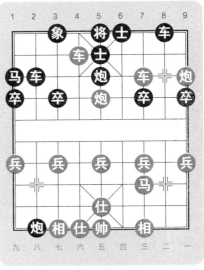

第212题

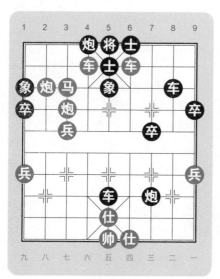

第213题

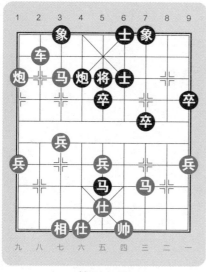

第215题

第214题

第216题

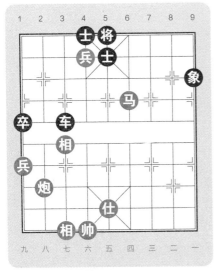

第217题

第218题

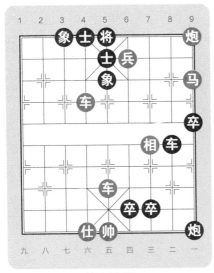

第219题

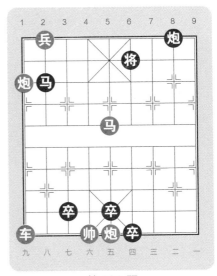

第220题

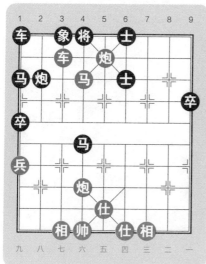

第 221 题

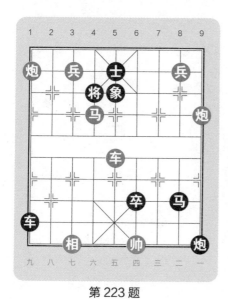

第 222 题

第 223 题

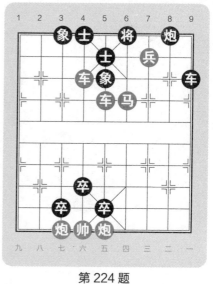

第 224 题

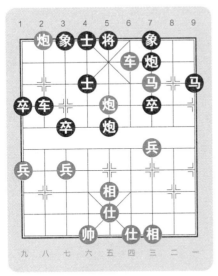

第 225 题

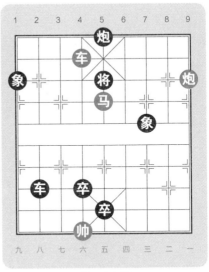

第 226 题

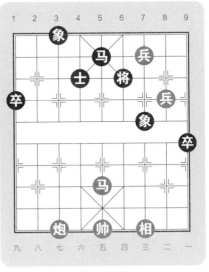

第 227 题

第 228 题

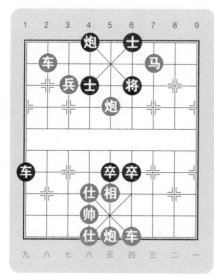

第 229 题

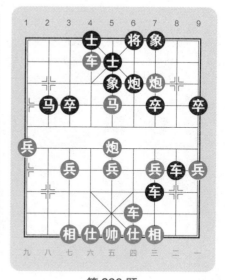

第 230 题

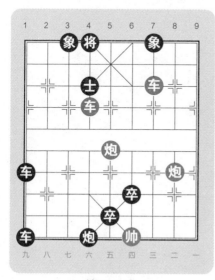

第 231 题

第 232 题

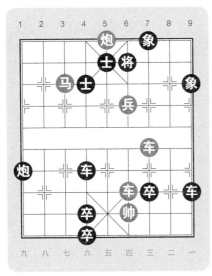

第233题

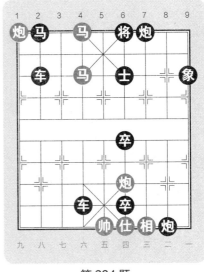

第234题

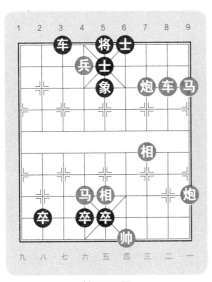

第235题

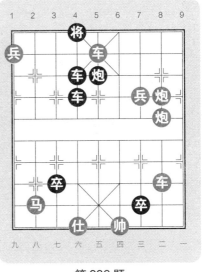

第236题

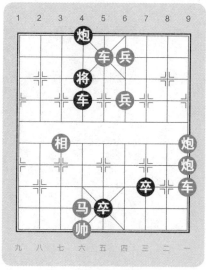

第 237 题

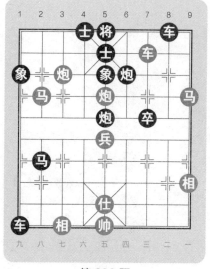

第 238 题

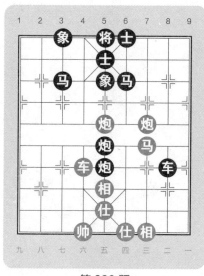

第 239 题

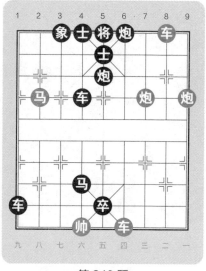

第 240 题

争先、夺势、谋子

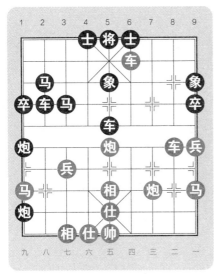

第 241 题

第 242 题

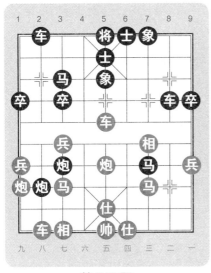

第 243 题

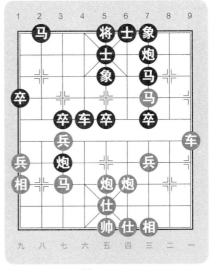

第 244 题

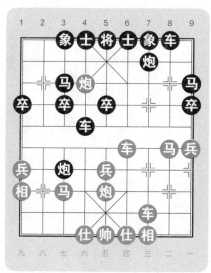

第 245 题

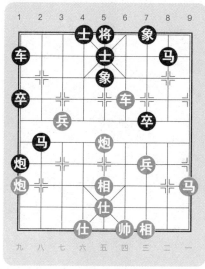

第 246 题

第 247 题

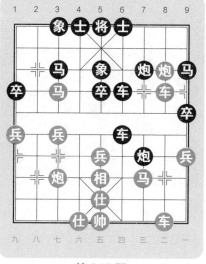

第 248 题

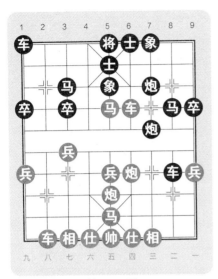

第 249 题

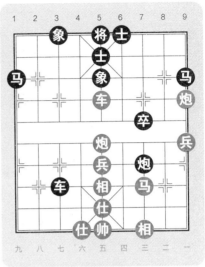

第 250 题

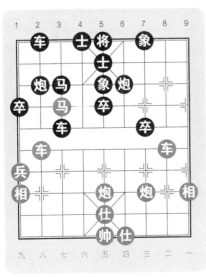

第 251 题

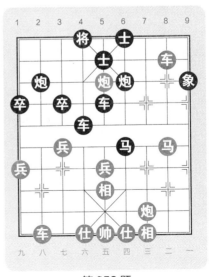

第 252 题

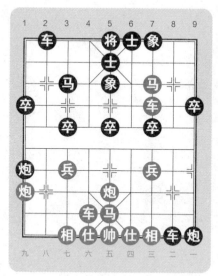

第253题

第254题

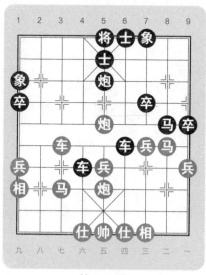

第255题

第256题

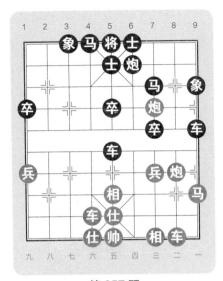

第 257 题

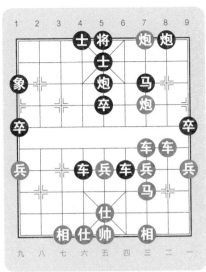

第 258 题

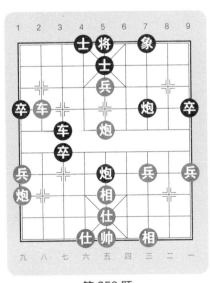

第 259 题

第 260 题

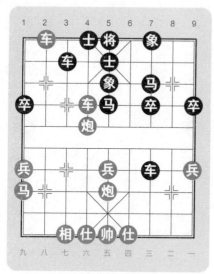

第 261 题

第 262 题

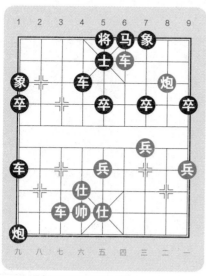

第 263 题

第 264 题

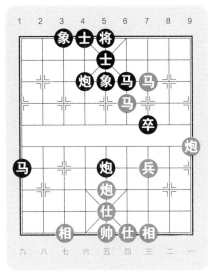

第 265 题

第 266 题

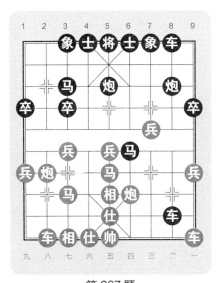

第 267 题

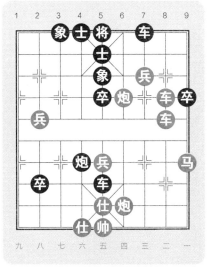

第 268 题

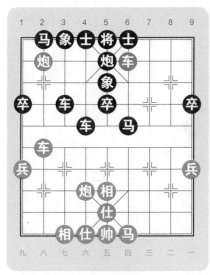

第 269 题

第 270 题

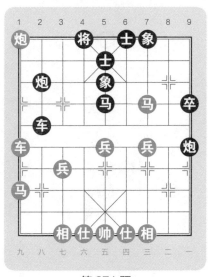

第 271 题

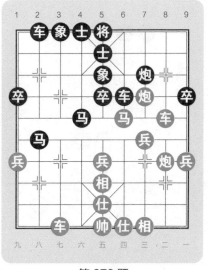

第 272 题

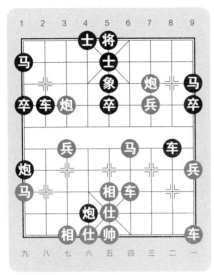

第273题

第274题

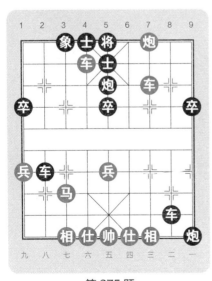

第275题

第276题

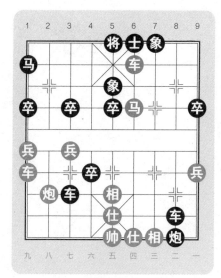

第 277 题

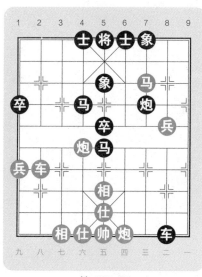

第 279 题

第 278 题

第 280 题

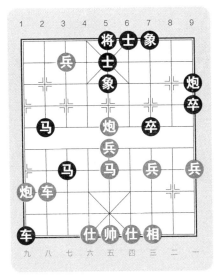

第281题

第282题

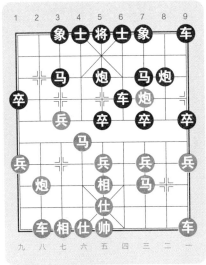

第283题

第284题

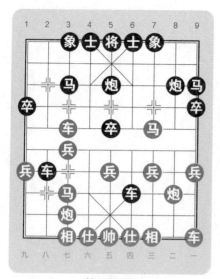

第 285 题

第 286 题

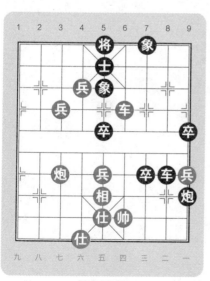

第 287 题

第 288 题

072

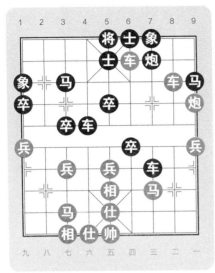

第 289 题

第 290 题

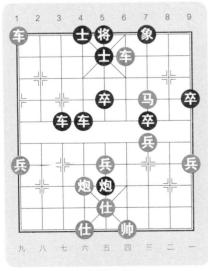

第 291 题

第 292 题

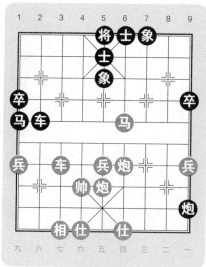

第293题

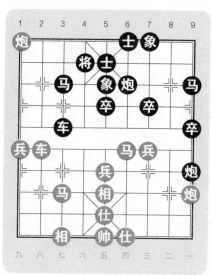

第294题

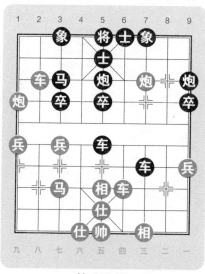

第295题

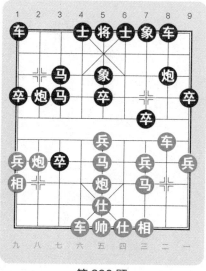

第296题

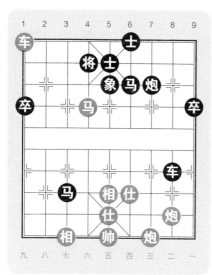

第 297 题

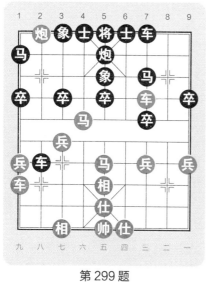

第 299 题

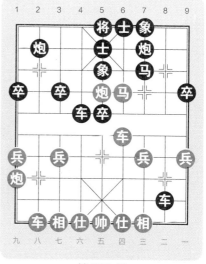

第 298 题

第 300 题

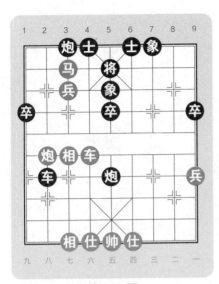

第301题

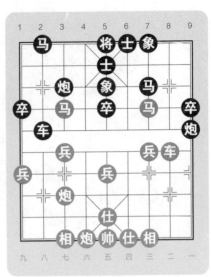

第302题

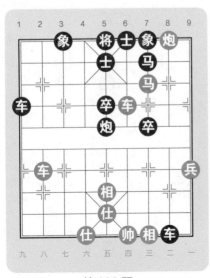

第303题

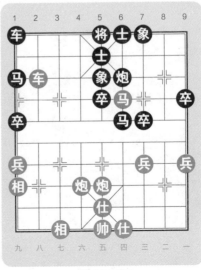

第304题

第4章 弃兵

攻杀

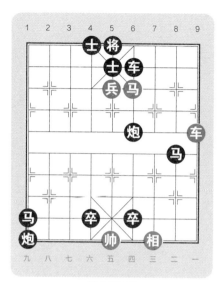

第305题

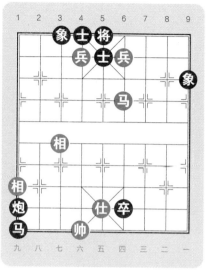

第306题

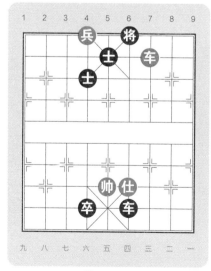

第307题

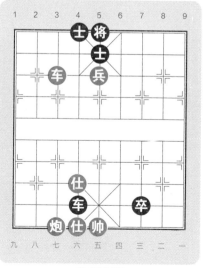

第308题

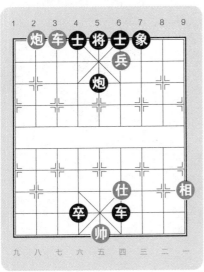

第 309 题

第 310 题

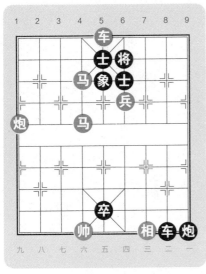

第 311 题

第 312 题

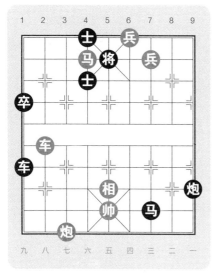

第313题

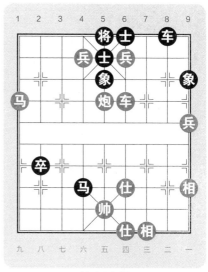

第314题

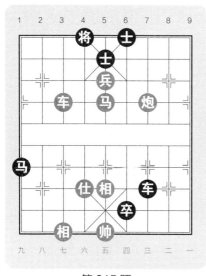

第315题

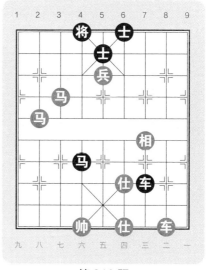

第316题

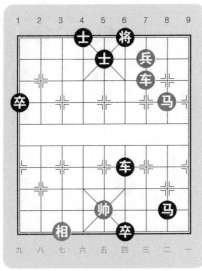

第317题

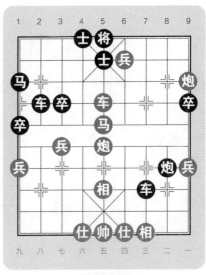

第318题

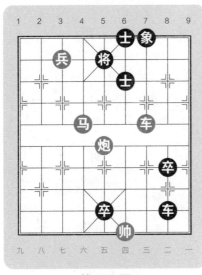

第319题

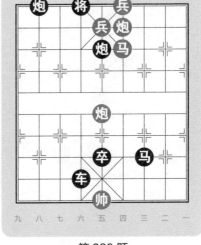

第320题

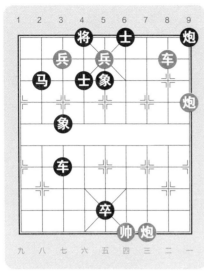

第 321 题

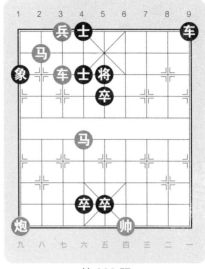

第 322 题

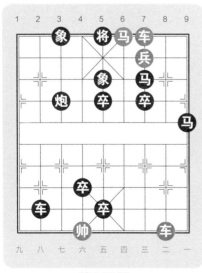

第 323 题

第 324 题

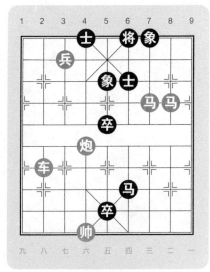

第 325 题

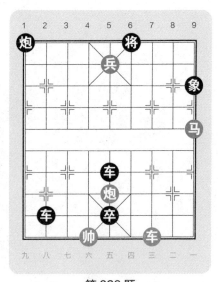

第 326 题

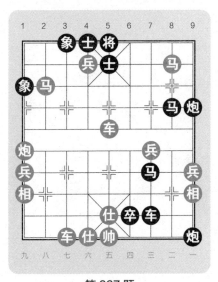

第 327 题

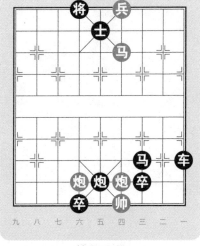

第 328 题

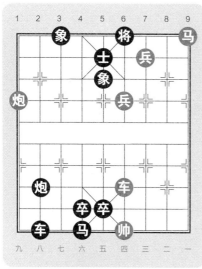

第 329 题

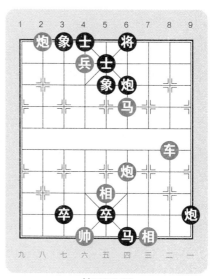

第 330 题

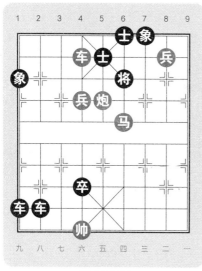

第 331 题

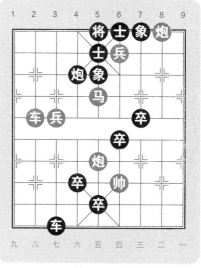

第 332 题

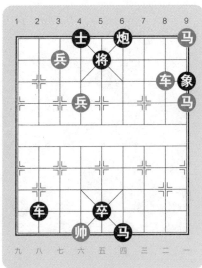

第 333 题

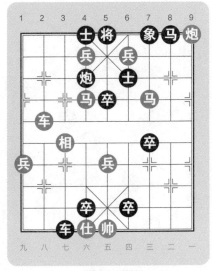

第 335 题

第 334 题

第 336 题

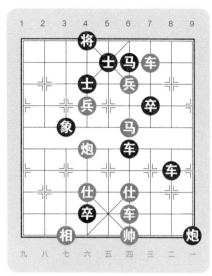

第 337 题

第 338 题

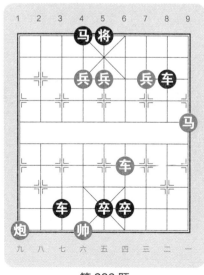

第 339 题

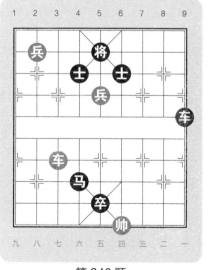

第 340 题

争先、夺势、谋子

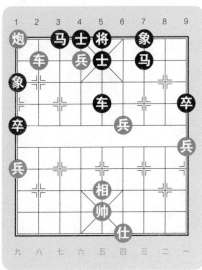

第 341 题

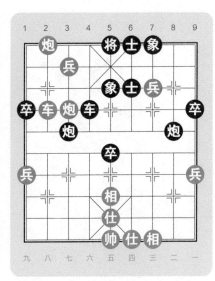

第 342 题

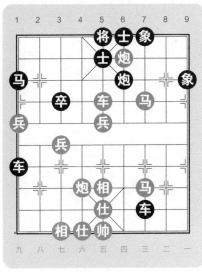

第 343 题

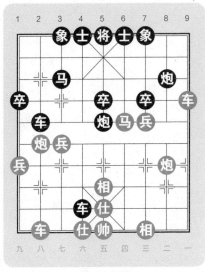

第 344 题

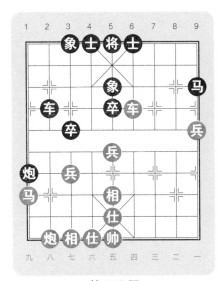

第 345 题

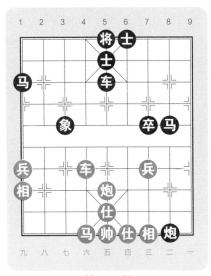

第 347 题

第 346 题

第 348 题

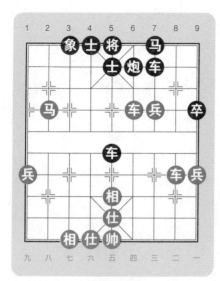

第 349 题

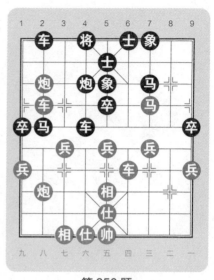

第 350 题

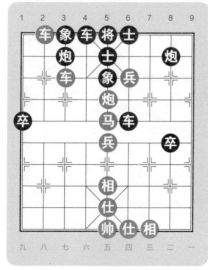

第 351 题

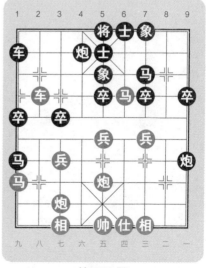

第 352 题

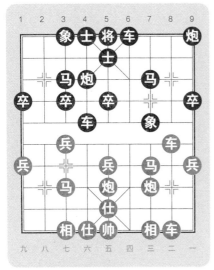

第 353 题

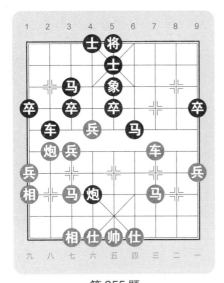

第 354 题

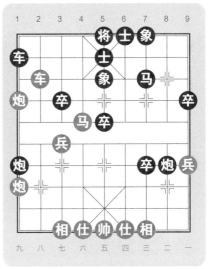

第 355 题

第 356 题

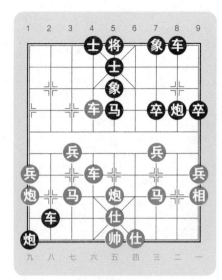

第 357 题

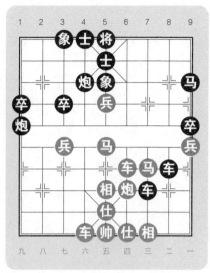

第 358 题

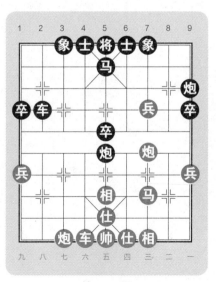

第 359 题

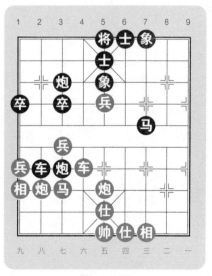

第 360 题

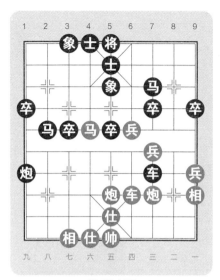

第 361 题

第 362 题

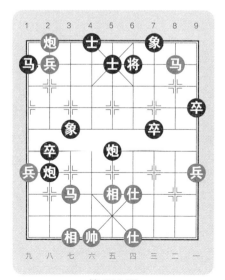

第 363 题

第 364 题

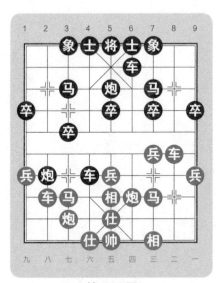

第 365 题

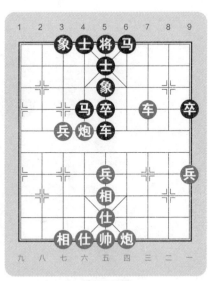

第 366 题

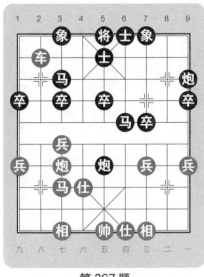

第 367 题

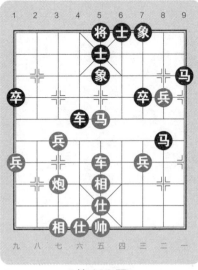

第 368 题

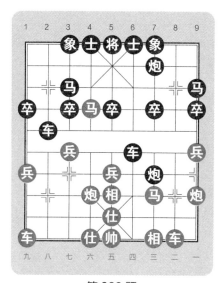

第 369 题

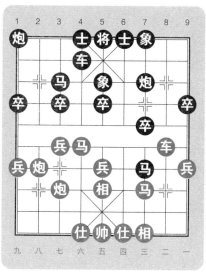

第 370 题

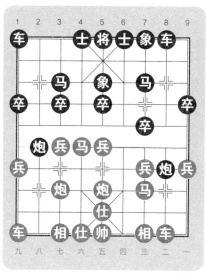

第 371 题

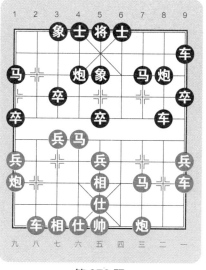

第 372 题

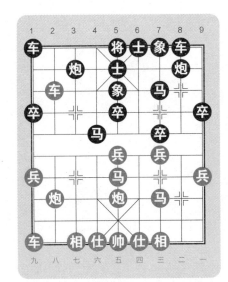

第 373 题

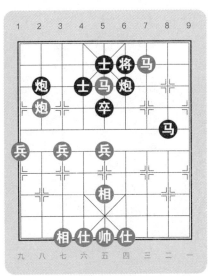

第 374 题

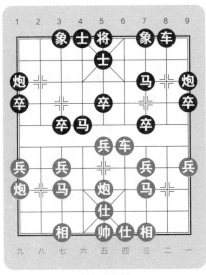

第 375 题

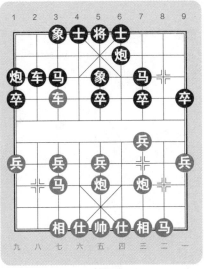

第 376 题

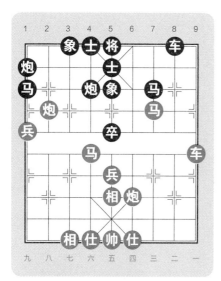

第 377 题

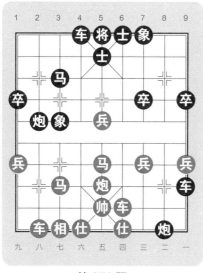

第 378 题

第 379 题

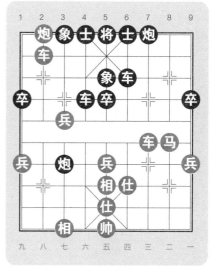

第 380 题

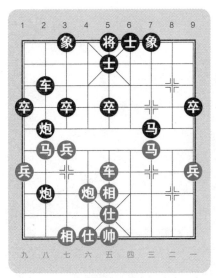

第381题

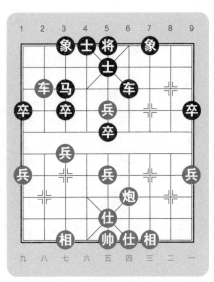

第382题

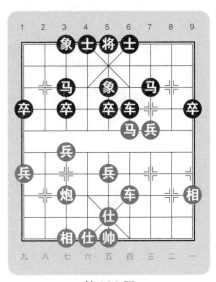

第383题

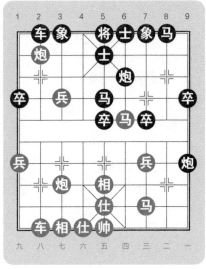

第384题

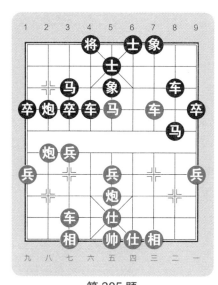

第 385 题

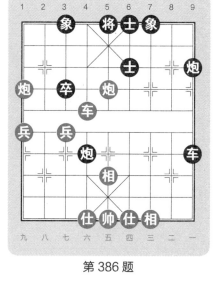

第 386 题

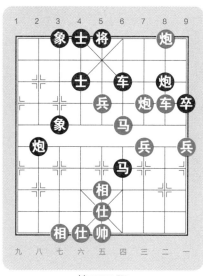

第 387 题

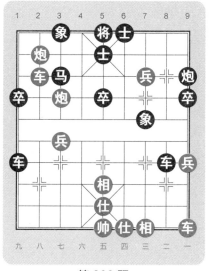

第 388 题

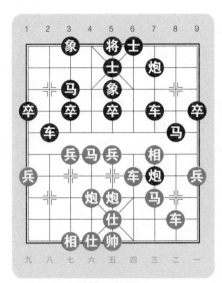

第389题

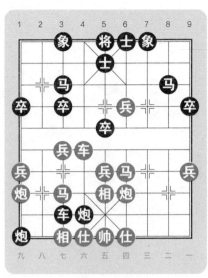

第390题

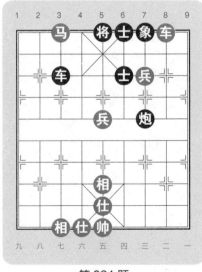

第391题

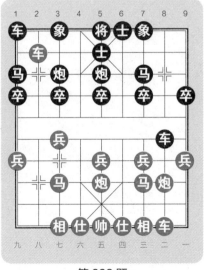

第392题

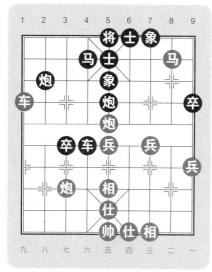

第 393 题

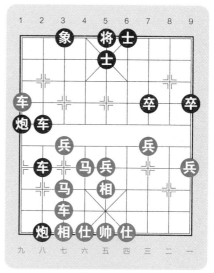

第 394 题

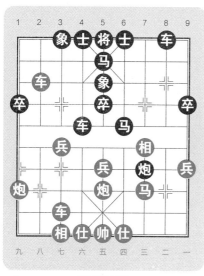

第 395 题

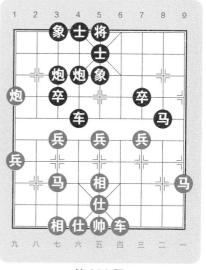

第 396 题

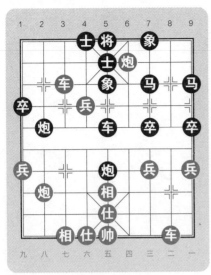

第 397 题

第 398 题

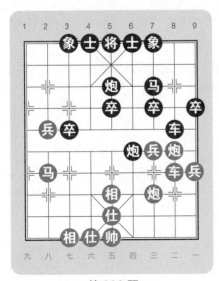

第 399 题

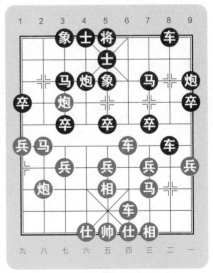

第 400 题

参考答案

第1章 弃车

攻杀

第1题
① 车三平四 将5平6
黑方如将5进1，则车一平四绝杀。
② 车一进一（红胜）

第2题
① 车四进一 将5平6
② 炮二平四（红胜）

第3题
① 车二平五 士4进5
黑方如将5平6，则炮二进七绝杀。
② 炮二进七（红胜）

第4题
① 车五进一 将5进1
② 车二退一（红胜）

第5题
① 车六平四 士5退6

② 车二平四（红胜）

第6题
① 炮二平七 车8进6
② 炮七进二（红胜）

第7题
① 车四进一 士5退6
② 马五进三（红胜）

第8题
① 车三平二 炮8平5
② 仕六进五 车8退4
③ 马三退四（红胜）

第9题
① 车四平六 马6退4
② 炮四进四 将4进1
③ 兵七平六（红胜）

第10题
① 车五平六 将4退1
② 马三进四 将4进1
③ 炮三进四（红胜）

第11题
① 车三平五 士6进5

101

②车五进二　将5进1

③马六进五（红胜）

第12题

①车五进三　士4进5

②车八进一　车3退2

③车八平七（红胜）

第13题

①马六进五　士6进5

②车六进五　将5平4

③车八平七　将4进1

④炮五平六（红胜）

第14题

①车四进一　将5平6

②兵二平三　将6平5

③兵三平四　将5平6

④车二进五（红胜）

第15题

①马八进七　士5退4

②车三平四　将6进1

③兵三进一　将6退1

④兵三平四（红胜）

第16题

①马四进六　车1平4

②车四进一　士5退6

③马六进四　将4平5

④马四进六（红胜）

第17题

①车四平六　将4进1

②炮七平八　将4退1

③车七进八　将4退1

④炮八进一（红胜）

第18题

①车六进六　士5退4

②马五进三　马5退6

③炮一平五　马6进5

④兵四进一（红胜）

第19题

①车八平五　士4进5

②马六进四　炮1平6

③炮八进三　士5退4

④车六进五　将5进1

⑤车六退一（红胜）

第20题

①车三进一　象9退7

②马三进二　将6平5

③炮一平五　象7进5

④马二退四　将5平6

⑤炮五平四（红胜）

第21题

①车六进九　将5平4

②炮七进一　将4进1

③车三进二　将4进1

④兵五平六　将4平5

102

⑤ 马七进六（红胜）

第22题

① 车六平四　将6平5

② 车七退一　将5退1

③ 车四进二　将5平6

④ 马四进三　将6平5

⑤ 车七进一（红胜）

第23题

① 车六进八　象3进1

② 车二进二　车9平8

③ 马二进三　车5进2

④ 兵四平五　将5平6

⑤ 车六进一（红胜）

第24题

① 车二平五　象3退5

② 炮三平五　象5退3

③ 马一进三　将5进1

④ 马四进六　将5平6

⑤ 炮五进五（红胜）

第25题

① 车三平五　将4平5

② 车二退一　将5进1

③ 车二退一　将5退1

④ 马六退四　将5退1

⑤ 马四进三　将5平4

⑥ 车二平六（红胜）

第26题

① 后车平四　炮9平6

② 车八平四　将6进1

③ 帅五平四　后车平5

④ 前车进一　士5进6

⑤ 车四进四　将6平5

⑥ 车四进一（红胜）

第27题

① 车一平四　车7退1

② 车四进七　士5进6

③ 车七平八　车7进9

④ 仕五退四　车7平6

⑤ 帅五平四　车9平7

⑥ 车八退一（红胜）

第28题

① 车八进四　士5退4

② 车八平六　将5平4

③ 马五进七　将4进1

④ 炮五平六　士4退5

⑤ 马七进八　将4退1

⑥ 马四进六（红胜）

争先、夺势、谋子

第29题

① 车九平八

红方弃车作杀，伏有车八进二，将4进1，兵五平六绝杀的手段。

① ……　　　　象 5 退 7

② 车七进二（红方胜势）

第 30 题

① 车四平五　　炮 5 退 3

② 后炮进四（红方胜定）

第 31 题

① 车七进二　　车 8 平 3

② 马二进三　　将 5 平 4

③ 炮八退二（红优）

第 32 题

① 车六进七

红方弃车砍炮，争先之着。以下黑方有士 5 进 4 吃车和车 7 平 2 不吃车两种选择。

着法 1：士 5 进 4

① ……　　　　士 5 进 4

② 马四进六　　将 5 平 6

黑方如将 5 进 1，则车七进二绝杀。

③ 车七平四（红胜）

着法 2：车 7 平 2

① ……　　　　车 7 平 2

黑方如改走车 7 平 5，则马四进五，马 9 退 7，马五退三，红优。

② 车六平五　　车 2 进 3

③ 仕五退六　　车 8 平 4

④ 相五退七

退相解杀还杀，紧凑！红方下

一着马四进六的攻击手段黑方无法化解，只能弃车吃马，红方可以保持多子的优势。

第 33 题

① 车五平七　　车 3 进 4

② 相九进七

红方飞相拦车好棋，伏有马六进七的杀棋。

② ……　　　　车 3 退 2

③ 车六平七

以下黑方如将 5 平 4，则车七进五，将 4 进 1，马六进八，将 4 进 1，车七退二，将 4 退 1，车七进一，接下来有连将杀的手段，红方胜定。

第 34 题

① 车五进五

红方进车杀象，攻击准确。

① ……　　　　前马退 6

黑方如后马进 5 吃车，则车七进七绝杀。

② 帅五平四　　车 7 平 4

③ 车五平八

在红车的牵制下，黑方车马无法成杀，红方胜势。

第 35 题

① 车一平三

红方弃车砍炮，解除底线危机。

① ……　　　象 5 进 7

② 车六平四　车 8 进 1

③ 马七进六（双方大体均势）

第 36 题

① 车八退二

红方捉炮好棋，切断黑车、炮之间的联系，使黑车脱根。

① ……　　　炮 1 退 4

② 车三平五

红方弃车杀士，谋子的好棋。

② ……　　　将 5 平 6

黑方如士 4 进 5 吃车，则车八进六，绝杀。

③ 车五退五（红优）

第 37 题

① 车二平五

针对黑方窝心马的弱点，红方弃车杀象，着法犀利。以下黑方有象 7 进 5 吃车和炮 1 进 5 不吃车两种选择。

着法 1：象 7 进 5

① ……　　　象 7 进 5

② 炮五进四　车 4 平 7

③ 兵三进一（红优）

着法 2：炮 1 进 5

① ……　　　炮 1 进 5

② 车五退一　炮 3 平 5

③ 车八进三　炮 1 退 2

④ 马九进八　车 4 退 2

⑤ 马八进七（红优）

第 38 题

① 车四平五

红方弃车杀中士，争先夺势的好棋。

① ……　　　士 6 进 5

② 炮九进三　将 4 进 1

③ 炮八平二

红方得回失子并赚得一士，由此打破黑方封锁。

③ ……　　　炮 8 退 4

④ 车二进一

捉死黑炮，红方大优。

第 39 题

① 车三进三

红方弃车砍马，消除黑马的保护作用，使黑方底线出现弱点。

① ……　　　炮 4 平 7

② 炮二进七

这是弃车的后续手段，粘住黑车后随时都可得回失子。

② ……　　　马 1 退 3

③ 炮八进二　前炮退 1

④ 车八进三

进车生根，红方优势。

第 40 题

① 车二进七

红方弃车砍炮，简明。意在用兵破象后，保留兵的攻击作用。

① ……　　　　车 8 进 1

② 兵六平五　　将 5 退 1

黑方如将 5 平 4，则炮五平六，马 4 进 2，马五退七，下一着马七进六，红胜。

③ 马五退三　　将 5 平 4

④ 马三进二（红方大优）

第 41 题

① 车六进五

利用黑将暴露在 6 路线的弱点，红方弃车杀士，充分发挥车炮兵三子的进攻力量。

① ……　　　　士 5 退 4

黑方如将 6 进 1，则车六平五，下一步再车五退一，红方胜势。

② 兵四进一　　象 5 退 7

③ 兵四进一　　将 6 平 5

④ 车四进三（红方胜势）

第 42 题

① 车八进三

红方弃车杀卒，意在引离黑车，为作杀创造条件。以下黑方有车 2 进 6 吃车和车 2 平 4 不吃车两种选择。

着法 1：车 2 进 6

① ……　　　　车 2 进 6

② 车七进三　　士 5 退 4

黑方如象 5 退 3，则马四进六绝杀。

③ 马四进六　　将 5 进 1

④ 车七退一（红胜）

着法 2：车 2 平 4

① ……　　　　车 2 平 4

② 马四进三　　车 6 退 3

③ 炮五进五　　士 5 退 4

④ 车八进五　　车 6 平 7

⑤ 车八平三（红方胜势）

第 43 题

① 车二进三

红方弃车砍炮，争先之着，如车二平一，则卒 7 进 1，红方陷入被动。

① ……　　　　车 4 平 8

② 马七进五

红方进中马好棋，以后伏有炮九平六的手段，控制黑方反扑的要着。

② ……　　　　象 7 进 5

③ 车八进七　　前车平 7

④ 车八平七（红优）

第 44 题

① 炮五进四

利用黑方 4 路车孤子深入的弱点，红方弃车打将的同时，闪击黑方 4 路车。以下黑方有马 5 进 6 吃车和马 3 进 5 吃炮两种选择。

着法 1：马 5 进 6

① ……　　　　马 5 进 6

② 车二平七　　车 4 退 7

黑方如炮 2 进 1，则炮五平八，车 4 平 3，前炮平四，车 3 退 1，炮八进七，车 3 退 2，车七进二，红方胜势。

③ 车七平八　　将 5 进 1

④ 车八平四　　马 6 进 8

⑤ 炮八进二（红方大优）

着法 2：马 3 进 5

① ……　　　　马 3 进 5

② 车四平五　　车 4 平 3

③ 车二平八　　车 3 退 1

④ 兵七进一（红优）

第 45 题

① 车八进五

红方弃车引离，好棋。以下黑方有车 6 平 2 吃车和车 6 进 2 不吃车两种选择。

着法 1：车 6 平 2

① ……　　　　车 6 平 2

② 马九进七　　将 5 平 6

③ 车六平四　　车 2 平 6

④ 车四进一　　士 5 进 6

⑤ 车四进二（红胜）

着法 2：车 6 进 2

① ……　　　　车 6 进 2

黑方如马 3 进 2，则车六进五绝杀。

② 马九进七　　将 5 平 6

③ 炮五平四　　车 6 平 4

④ 车六退一

红方接下来车六平四即可形成连将杀，胜定。

第 46 题

① 马六进四

红方抓住黑方防守上的弱点，弃车扑槽攻击准确。以下黑方有马 3 进 4 吃车和炮 8 平 2 不吃车两种选择。

着法 1：马 3 进 4

① ……　　　　马 3 进 4

② 马四进六　　炮 8 平 4

③ 马六退七　　车 8 进 9

④ 马三退二（红优）

着法 2：炮 8 平 2

① ……　　　　炮 8 平 2

黑方如改走车 3 平 2，则车六进一，炮 2 进 7，仕六进五，炮 8 平 6，车二进九，炮 6 进 1，车二平三，红方大优。

② 车二进九　　后炮进 8

③ 帅五进一　　后炮退 1

④ 炮五进五（红优）

第47题

① 马六进五

红方弃车踩中炮，发动攻势。以下黑方有车4退5吃车和象7进5不吃车两种走法。

着法1：车4退5

① …… 　　　　车4退5

② 车四进八

红方车杀底士，是弃车的续着。

② …… 　　　　将5进1

③ 兵五进一　　车4进6

黑方如改走象7进5，则兵五进一，红速胜。

④ 车四平三（红方胜势）

着法2：象7进5

① …… 　　　　象7进5

② 兵五进一

红方再冲中兵，不给黑方在中路调整的机会。

② …… 　　　　车2进3

黑方只能准备弃车砍炮解围。如马3进5，则后炮进五，士6进5，后炮进五，绝杀。又如车4退5，则兵五进一，车2平5，后炮进四，马3进5，后炮进四，士4进5，兵五进一，将5平4，车四进八绝杀。

③ 车六退五　　炮1平4

④ 兵五进一　　车2平5

黑方如士4进5，则兵五进一，将5平4，车四进八，绝杀。

⑤ 相七进五（红方胜势）

第48题

① 炮八平五　　象3进5

② 马七进五

红方弃车吃象，黑方防线被撕开。以下黑方有车2进9吃车和炮9进2不吃车两种选择。

着法1：车2进9

② …… 　　　　车2进9

③ 马五进七　　将5平4

④ 车三退三

以下黑方将4进1，则车三平六，士5进4，车六平二抽车，红方胜势。

着法2：炮9进2

② …… 　　　　炮9进2

③ 马三退二　　车2进9

④ 马五进七　　将5平4

⑤ 车三退三

以下黑方如车8进1，则车三平六，士5进4，车六进二，车8平4，炮六进六，红方胜势。

第49题

① 车二进三

红方弃车杀炮，谋子的好棋。

① ……　　　车 8 进 5

②炮八平六

再弃车叫杀，紧凑有力。

② ……　　　士 5 退 4

③马四进三　　将 5 进 1

④车八进九（红方得子）

第 50 题

①车九平八　　车 3 平 2

黑方如炮 8 平 3，则炮八进七，车 3 平 2，车八进九，后炮退 1，车八平七绝杀。

②车七进一　　马 6 退 4

③炮八平六　　马 4 退 2

④马九进七（红方胜势）

第 51 题

①马五进四

红方弃车抢攻，好棋。

① ……　　　　炮 7 进 3

黑方如改走车 3 进 2，则马四退五，炮 7 进 3，马五进七，黑方净亏一子。

②炮五平四　　炮 7 平 6

黑方如马 7 进 6，则马四进二，将 6 平 5，车八平一，抽吃黑方边车。

③马四退六　　炮 6 平 4

④马六进七（红方得子）

第 52 题

①车八进一

红方弃车吃炮，黑方双车都在红车的攻击范围内，黑方不得不应。

① ……　　　车 4 平 2

②车七平六

弃车的后续手段，红方伏有车六进一的杀棋。

② ……　　　前车平 4

黑方只好兑车解杀。

③马四进三

红方进马伏有马三进四的杀棋，黑方只能象 5 进 7 拆开炮架或者炮 7 进 1 顶马。

③ ……　　　炮 7 进 1

④车六退一（红方得子）

第 53 题

①马六进四　　马 3 进 4

黑方如车 3 平 2，则车六进一叫杀，以下士 6 进 5，马四进三，将 5 平 6，炮五平四，士 5 进 6，车六进一，将 6 进 1，炮八进七，车 2 退 2，车二进七再次挥车叫杀，黑方只有象 5 进 3，这样红方前马退二，得子占势，胜利在望。

②马四进六　　炮 8 平 4

黑方如将 5 进 1，则马六退七，红方同样得子。

③ 马六退七　车 8 进 9

④ 马三退二（红方得子）

第 54 题

① 马四进五　车 2 退 3

黑方如改车 2 平 7，则马五进七，黑方无法解杀。

② 车三平六　炮 5 平 4

黑方只能弃炮解杀。

③ 前车进四　马 7 进 5

④ 炮五进四（红方得子）

第 55 题

① 车七进五

红方弃车吃炮，犀利。

①……　　　车 1 平 5

黑方如象 5 退 3，则马四进六绝杀。

② 炮三平二　车 5 退 4

③ 车七退三

先手捉车，抢点占位。

③……　　　马 4 进 3

④ 车七进一（红方再得一子）

第 56 题

① 车一进二

红方弃车杀马，好棋。

①……　　　车 3 退 4

黑方不能车 9 进 2 吃车，否则车二平五，黑方无论士 4 进 5 还是将 5 平 6，红方都可炮二进七绝杀。

② 车一进二　车 3 平 5

③ 车一平三　士 5 退 6

④ 车三退二（红方得子）

第 57 题

① 车六平三

红方弃车杀卒捉马，意在引离黑方中象，破坏黑方防守阵形。以下黑方有象 5 进 7 吃车和马 7 退 8 不吃车两种选择。

着法 1：象 5 进 7

①……　　　象 5 进 7

② 炮七进七　将 6 进 1

③ 炮七平二　车 1 平 4

④ 车七平五（红优）

着法 2：马 7 退 8

①……　　　马 7 退 8

② 马三进四

红方继续弃车捉马，步步紧逼。

②……　　　马 8 进 9

③ 车三平一　马 9 进 8

④ 仕六进五　炮 9 平 6

⑤ 车七平五（红优）

第 58 题

① 车二进二

红方弃车砍炮，算准接下来可以借炮叫杀之机夺回一车。

①……　　　炮 2 平 8

② 车八进五　象 1 进 3

③车八平六　车6进6

④车六退二（红优）

第59题

①车五进二　后车平5

黑方如马7退5，则车六进三，将6进1，车六平四杀。

②车六进三　将6进1

③车六平三　车5退1

黑方被迫弃还一子解围，如象3进5，则兵四进一，将6进1，车三退二，将6退1，车三进一，将6退1，车三平五，黑方只剩单象难以守和。

④炮九平五（红优）

第60题

①车二平五　将5平4

黑方如士6进5，则车三进七绝杀。

②车五进一　将4进1

③车三进六　炮5退1

④仕四进五（红优）

第61题

①炮八平五

红方弃车抢攻，意在以后可以在中路组织攻势。以下黑方有车2进8吃车和车2平3不吃车两种选择。

着法1：车2进8

①……　　　车2进8

②炮五退二　马5退7

③车六进二　将5进1

④车六退一　将5退1

⑤炮五退二（红方大优）

着法2：车2平3

①……　　　车2平3

②炮五退二　炮1平5

③车六退一　炮7进1

黑方如改走炮5进2，则马六进五，车8进2，兵三进一，炮7进1，兵五进一，红优。

④炮五进二　士6进5

⑤兵三进一　象7退9

⑥车六平五

红方伏有马六进四的先手，红方占优。

第62题

①车三平五

红方弃车砍象好棋！以下黑方有象3进5吃车、马7退5不吃车以及车1进1叫杀三种选择。

着法1：象3进5

①……　　　象3进5

②炮五进四　车1退7

③炮七平五　车1进2

④车二平五

红方伏有车五进一的杀棋，黑方只能升肋车为将的转移腾出位置。

④……　　　　车6进3

⑤车五平九　　车6平5

⑥帅五平四（红方胜势）

着法2：马7退5

①……　　　　马7退5

②车五平八　　马5进7

③车八平七　　象3进5

④车七平五

红方弃炮后连续攻击，紧凑有力。

④……　　　　车1退7

⑤车五退一（红优）

着法3：车1进1

①……　　　　车1进1

②车五平九　　车1退6

黑方如改走象3进1，则炮五进四，士5进6，炮七平五绝杀。

③炮五进四　　车1平5

④车二平五　　车6进3

⑤车五平八　　车6平5

⑥车八退六（红方多子占优）

第63题

①前炮进二　　车8平4

②炮五退三　　士4进5

黑方如改走车4平5，则车八进四，炮3平2，马五退三，车5

进1，车八平五，红方得回一车且中路攻势强烈，大优。

③前炮平九

红方平炮打边车的同时闪击肋车！

③……　　　　车4进2

④炮九进五　　将5平4

⑤马五退三（红优）

第64题

①车六平八

红方弃车作杀，抢攻在先。

①……　　　　车8进6

黑方解杀只能弃子，暂时脱险。

②马三退四　　车8退3

③马四进三　　车3平2

④后车退二　　车8平2

⑤车八退六（红方胜势）

第65题

①车八进三

红方弃车砍炮，使黑车离开防守要道，为马踏中象后从中路进攻创造条件。以下黑方有车6平2吃车和车7平6不吃车两种选择。

着法1：车6平2

①……　　　　车6平2

②马六进五　　车2平6

③马五退四　　马7进5

黑方如改走将5平6，则车二

112

平四，士5进6，车四进一，将6平5，炮七平五，车6平5，马四退五吃车后，红方有连杀的手段。

④车二平五　　车6退2

⑤车五平三（红方抽车胜定）

着法2：车7平6

①……　　　　车7平6

②车八平四　　车6进6

③仕四进五

红方补仕方便以后平仕角炮控制黑方将门。

③……　　　　将5平6

④炮五平四　　将6平5

⑤马六进四（红优）

第66题

①车六进四　　士5退4

②马五进六　　将5进1

③车二进三　　车6退2

④炮七平五　　将5平4

黑方如象5进7，则马六退四，将5退1，车二平四，红方胜定。

⑤车二平四

以下黑方无论士4进5或士6进5，红方都可以炮五平六，将4进1，车四退三，要杀的同时伏有抽车手段，红方胜定。

第67题

①车八进三

红方弃车砍炮，利用黑方中车受牵的弱点，简化局面，以利于发挥多子的优势。以下黑方有车3平2吃车和车3进1不吃车两种选择。

着法1：车3平2

①……　　　　车3平2

②相七进五　　车5平4

黑方如车5平8，则相五进三，炮8平5，炮五进六，象7进5，炮六平二，炮5退3，车四退一，车2平5，仕六进五，黑方中炮无处可去，红方胜势。

③马七进六　　车2平4

④马六进八　　马3退2

⑤兵六平七（红方大优）

着法2：车3进1

①……　　　　车3进1

②兵六进一　　车3退2

黑方如改走马3退4，红方兵六进一后伏有车八进六的杀棋，红方胜势。

③炮六进二　　炮8退2

④炮六平五　　车5退2

⑤马三退五（红优）

第68题

①炮八平五

红方弃车平炮，利用黑方中路的弱点，创造进攻的机会。以下黑

113

方有车2进4吃车和将5平6不吃车两种选择。

着法1：车2进4

① ⋯⋯　　　车2进4

② 车七进二　车4退5

③ 相五进三

飞相闪将，好棋。

③ ⋯⋯　　　将5平6

黑方如象5进3，则车七平六，将5进1，马四退五，马7进5，马五进三，将5平6，马三进二，绝杀。

④ 车七平六　士6进5

⑤ 炮五平四　马7进6

⑥ 兵三平四（红优）

着法2：将5平6

① ⋯⋯　　　将5平6

黑方如改走将5平4，则车七进二，将4进1，马四退五，马7进5，马五退四，红方胜定。

② 车八进四　车4平6

③ 兵三进一　士6进5

④ 兵三进一　士5进6

⑤ 炮五进六（红优）

第69题

① 车五进一

红方弃车杀象，保留先弃后取的攻击手段。以下黑方有象7进5

吃车和炮3进4不吃车两种选择。

着法1：象7进5

① ⋯⋯　　　象7进5

② 炮八平五　将5平4

③ 炮五退三　马8进7

④ 炮五平二（红优）

着法2：炮3进4

① ⋯⋯　　　炮3进4

② 马九进七　炮8平3

③ 车五退一

红方退车牵马，解决九路车的出路。

③ ⋯⋯　　　马8退7

④ 车五平八　炮3平6

⑤ 车九平七（红优）

第70题

① 车八进三

针对黑方窝心马的弱点，红方弃车准备强攻中路。以下黑方有马4退2吃车和卒5进1不吃车两种选择。

着法1：马4退2

① ⋯⋯　　　马4退2

② 前炮平五　马5进6

黑方如改走马5进4，则马四进五，士4进5，马五进三，将5平4，炮九进七，象3进5，炮五平八，红方得子胜势。

③炮九进七　炮9平6

④炮九退四　炮3进2

⑤车四平六

伏有车六进五的先手，红方胜势。

着法2：卒5进1

①……　　卒5进1

②车八平三

红方接下来伏有前炮平五抽车的手段。

②……　　象7进5

③前炮平五　炮9平6

黑方如车1平2，则马四进三，炮3平7，车三平四，红方有连将的手段。

④马四进二（红优）

第71题

①车八进一

红方弃车砍炮，伏有马五进六再车四进八的连将杀手段。

①……　　炮9进3

黑方弃炮引离红方肋车解杀。

②车四平一　车2进2

③马五进四　将5进1

④马四退六　将5退1

⑤马六进八（红方胜势）

第72题

①前车进三

红方弃车破士，争先的好棋。

①……　　马5退4

②车六进六　将5进1

③兵五进一

红方冲中兵及时支援，并伏有马五进七，将5平6，兵五平四，前车平6，兵四平三得子的手段。

③……　　后车平5

④兵五进一　车7平1

⑤车六平四（红方胜势）

第73题

①炮五进六

红方弃车打士，充分利用车双炮兵的有利位置，积极抢攻。以下黑方有后炮进4吃车和车3平2不吃车两种选择。

着法1：后炮进4

①……　　后炮进4

②炮五平九　将6平5

③帅五平六　将5进1

④兵四进一（红方胜势）

着法2：车3平2

①……　　车3平2

②车六进八　将6进1

③炮五退三　象3进1

④车六退一　将6退1

⑤车二平一（红方大优）

第74题

① 车七平六

红方弃车叫杀，攻击有力。

① ……　　　　车 4 平 5

② 车六进一　士 5 进 4

黑方如将 5 平 6，则炮七进三，将 6 进 1，车三平四，绝杀。

③ 马三进五　炮 7 退 3

④ 马五进六　炮 7 平 5

⑤ 仕六进五（红方大优）

第75题

① 兵五进一

红方弃车冲兵，谋势的好棋。

① ……　　　　炮 6 进 6

② 兵五平四　象 7 进 5

③ 兵三进一　炮 6 退 2

④ 兵三平二　车 2 进 4

⑤ 马三进五

黑方 9 路车晚出，3 路马位置不佳，红方优势。

第76题

① 炮七进六

红方弃车叫杀，确立优势的关键。

① ……　　　　士 5 退 6

② 炮七进三　士 4 进 5

③ 车二平七　马 3 退 2

黑方退马不给红方炮七平九的

机会，并伏有车 8 平 3 兑车延缓红方攻势的手段。

④ 炮六平五　车 8 平 5

黑方如将 5 平 4，则车七平六，车 8 平 4，炮五平六，车 4 平 2，马三进四，炮 1 退 1，炮六平一，下一回合再炮一退六，红优。

⑤ 炮五退三

黑方子力受制，红优。

第77题

① 车六进八

红方弃车叫杀，夺势的关键。

① ……　　　　象 3 进 1

黑方如车 5 平 3 吃炮，则炮八平五，士 5 进 6，车四平七，红方胜势。

② 车六退二

退车逼兑，正确。如车四进二，黑方可马 7 进 6 化解，红方虽有优势，但不易扩大先手。

② ……　　　　车 5 平 4

③ 炮八平五　士 5 进 4

④ 车四平六　炮 4 进 3

⑤ 炮五平二（红方优势）

第78题

① 炮八平五

利用黑方中炮空虚的弱点，红方弃车打空头炮，好棋。

① ……　　　前车进8

② 炮五退一　　前车退5

③ 车四进七

捉双的同时，继续攻击黑方中路。

③ ……　　　前车平5

④ 马七退五　　马3进5

⑤ 车四平二（红方得子）

第79题

① 车四平七　　炮3平4

黑方如象5进3吃车，则车八平七，士5退4，马四进六，将5进1，车七退一绝杀。

② 车七平一　　炮8退3

③ 马四退六　　车8进2

④ 车一平五　　象5进3

⑤ 炮九平六

以下黑方如车1平4，则马三进四，车4退1，车五退二，红方吃掉过河卒，大优。

第80题

① 车一平二　　前车平5

黑方如改走前车进2，则马七进六，前车平7，马六进七，炮5平3，车七退二，红方胜定。

② 相七进五　　车8进9

③ 仕六进五

先补仕好棋，以后红方进马时

不给黑方先手打将的机会。

③ ……　　　车8退5

④ 兵七进一　　炮5平6

⑤ 马七进八

红方四子归边，胜势。

第81题

① 车六进五

红方弃车杀士，破除黑方防线，为兵四进一进攻做准备。

① ……　　　士5退4

黑方如改走将6进1，则车六平五，车7退7，车五退一，将6退1，兵四平三，车7平6，车四进三，炮1平6，兵三进一，红方有杀棋，胜定。

② 兵四进一　　车7退1

③ 帅四退一　　象5退7

④ 兵四进一

进兵追杀，好棋。

④ ……　　　将6平5

⑤ 车四进三（红方胜势）

第82题

① 车二平五

红方弃车砍马，引离黑马后通过谋象来撕开黑方防线。

① ……　　　马3退5

黑方如炮5进2，则炮五进二，马3退4，车五平八，马4进5，车七进七，士5退4，车八退三，红方胜势。

② 车七进七　士5退4

③ 车七退三　车2退1

黑马不能逃，否则马五进六红方有杀棋。

④ 相五进七

红方飞相拦车好棋。如直接车七平五，则车2平5，炮五平八，士4进5，车五平九，红方攻势要缓和一些。

④ ……　　　车9平6

⑤ 车七平五　车6进4

⑥ 车五平一（红优）

第83题

① 马三进四

红方弃车进马，抢攻争先的好棋。黑方如接走前车平3，则马四退三，象7进9，炮五平二绝杀。

① ……　　　士4进5

② 马四退三　象7进9

③ 炮五进五　士5退4

黑方如改走士5进6，则车七进五，将5进1，车七平二，伏有车二退一的杀着（黑方如续走将5退1，则马三进二，另如走将5进1，则马三进四），红胜。又如改走将5平4，则马三进四，象9退7，

车七进五，红胜。

④ 车七平六　车4进3

⑤ 炮五平一　士4进5

⑥ 后炮平九

红方通过一系列的进攻赚得一马，多子已呈胜势。

第84题

① 炮九平五

红方弃车，炮镇中路，以空头炮为进攻核心，组织攻势。

① ……　　　炮6进7

② 炮五退一　将5进1

③ 车八进六　将5进1

④ 车八退一

红方利用顿挫战术，得回失子。

④ ……　　　将5退1

⑤ 车八平三　车3进1

⑥ 马三退四

红方弃车后已得到补偿，还有空头炮控制局面，红方大优。

第85题

① 马六进四

红方弃车吃马，争先的好棋。

① ……　　　炮8平1

② 相七进九　车8平7

黑方如改走车8进2，则兵七进一，红得子占优。另如走马7退5，则马四进二，炮2退1，车三

退一，车8进3，车三平五，车8
平3，炮八平二，炮2进8，相九
退七，车3进6，炮二平五，红方
抽车胜定。

③兵七进一　马7退9

④车三进三　马9退7

⑤马四退三

伏炮八平五打死车的手段，黑
方无暇逃走2路炮。

⑤……　　　士6进5

⑥兵七平八（红方大优）

第86题

①车八进六

针对黑方中路防守薄弱的特点，
红方弃车吃炮，在中路组织攻势。

①……　　　马4退2

②兵六平五　士6进5

黑方如改走马7退5以求多子
的补偿，则兵五进一，炮9平5，
车三平八，卒3进1，炮五进四，
车6进2，马七进五，红方占优。

③兵五进一　象3进5

④车三平八　将5平6

⑤炮五平四　将6平5

⑥炮九进四

红方有攻势，大优。

第87题

①车一平三

红方弃车杀卒，积小胜为大
胜，意在取得多兵的优势后再徐图
进取。以下黑方有象5进7吃车和
马3进4、马3进2不吃车三种走法。

着法1：象5进7

①……　　　象5进7

②炮八平五　车1平5

③车八进四　炮3平4

黑方不能逃马，否则车八进
三，炮4退2，马六进七绝杀。

④车八平七　后炮进2

⑤车七平六　卒1进1

⑥兵三进一

弃兵破象后，黑方如车5平7，
则兵五进一，红优。黑方另如车5
进2吃兵，则车六平九，红优。

着法2：马3进4

①……　　　马3进4

②马六退七

正着，如车三进一，则将5平
4，炮八平一，炮3进8，相五退
七，车2进4，黑方满意，红方处
于下风只能求和。

②……　　　车2平3

③车三平六

红车离开险地后从容组织进攻。

③……　　　炮3进4

④车六退一　炮3平1

⑤车八平九　车1平2

⑥车九进二（红方多兵占优）

着法3：马3进2

① ……　　　马3进2

②车八进二　车2平4

③车三平四　车4平2

④车八平七　炮3进3

⑤炮八退一（红方多兵占优）

第88题

①车八平六　将5平4

②车二平四　将4进1

③车四退一　将4退1

④马四进五　将4平5

⑤马五进七　将5平4

⑥车四退六（红方胜势）

第89题

①车四平七

红方弃车杀象，破坏黑方防守阵形。以下黑方有象5进3吃车和炮3平4不吃车两种选择。

着法1：象5进3

① ……　　　象5进3

②车八平七　士5退4

③炮八进七　象3退1

黑方如车1平4（如卒5进1，则仕六进五，炮8平1，车七退四，士4进5，仕五退四，红方胜势），则车七退四，士4进5，车七进四，

车4退6，炮九进一，红方胜势。

②马四进六　将5进1

⑤车七退一　将5进1

⑥车七平六（红优）

着法2：炮3平4

① ……　　　炮3平4

②车七平六

红方伏有车六进四，士5退4，马四进六，将5进1，车八退一的杀着。

②……　　　车8进1

③炮九平五　炮8平5

④相七进五　车1进1

⑤炮八平六　车1平4

面对红方接下来炮六进七的威胁，黑方只好弃车砍炮暂解燃眉之急。

⑥车六退三（红方大优）

第90题

①车八进四

红方弃车砍炮，引离黑方肋车。

① ……　　　车4平2

②马五进四　将5平4

③车三平六　炮7平4

④炮九平六　炮4退3

⑤车六平八　炮4平3

⑥车八进一（红优）

120

第 91 题

① 车六进八

红方弃车砍炮，引离黑将。利用黑方将位不安的弱点进行攻击。

① ……　　　将 4 进 1

② 炮四平六　炮 2 进 3

黑方如将 4 退 1，则车四平六，士 5 进 4，马四进五，车 3 平 4，炮六进四，士 4 退 5，炮六平七，将 4 平 5，马五进四，士 5 退 4，炮七平五重炮杀。

③ 炮五平六　炮 2 平 4

④ 马四退六　将 4 退 1

⑤ 马六进八　将 4 平 5

⑥ 马八进七（红方胜势）

第 92 题

① 车九平八

红方弃车砍炮，先消除底线的弱点再吃中卒，发挥帅的助攻作用，为进攻创造条件。

① ……　　　车 2 进 7

② 车五退三　车 2 退 8

③ 车五平四　象 3 进 5

④ 兵六平五　车 4 退 4

黑方如车 4 平 8，则兵五进一，车 2 平 5，相七进五，车 8 退 8，车四平八，红方胜定。

⑤ 仕四进五　士 5 进 6

⑥ 车四进四（红优）

第 93 题

① 车二进四

利用黑方将位不佳的弱点，红方弃车砍炮，突破黑方防线，争先的好棋。

① ……　　　马 7 进 8

② 后炮进四　车 4 平 2

③ 马七退六

退马保炮并伏有前炮平六的杀棋。

③ ……　　　士 4 进 5

④ 后炮平六　士 5 进 4

⑤ 马六退五　车 2 平 4

⑥ 炮八平二（红方多子占优）

第 94 题

① 车八退四

红方弃车引离黑方占据防守要点的肋车，争先之着。以下黑方有车 4 平 2 吃车和车 4 进 2 不吃车两种选择。

着法 1：车 4 平 2

① ……　　　车 4 平 2

② 马四进六　车 8 平 6

③ 车四进五　车 2 平 6

④ 马六退四

红方净多四兵，胜势。

着法2：车4进2

① ……　　　　车4进2

② 相五进三

红方飞相切断黑方7路炮对7路线的控制，伏有马四进三的攻击手段。

② ……　　　　车8退4

③ 马四进三　　马9退7

④ 马三进五

弃马破士，简明有力。

④ ……　　　　士4进5

⑤ 车八进四　　车4退6

⑥ 车八退一（红优）

第95题

① 车一平二

红方帅位不佳，平车砍炮消除后顾之忧，为左翼的进攻赢得时间。

① ……　　　　马7退8

② 马七进八

准备形成三子归边之势。

② ……　　　　马8退6

③ 马八进七　　马6退4

④ 车八进二　　将4进1

⑤ 车八退一　　将4退1

⑥ 马七进九（红优）

第96题

① 马三进五　　士5进6

黑方如改走炮9平3，则马五退三，炮3退8，前车进一，车7平6，车四进二绝杀。

② 车四平六　　炮9平3

③ 车六平三　　炮3退8

④ 马五退三　　将5平6

⑤ 车三进一　　将6进1

⑥ 马三进二（红方胜势）

第97题

① 车二进五

红方弃车砍马，争先的好棋，打破黑方马6进8的反攻计划。

① ……　　　　马6退8

② 马八进六　　车8进2

③ 炮五进四　　士6进5

黑方如改走炮5进4，则马三进五，车8平3，马六进七，马8进7，马五进六，在红方空头炮的策应下，红方攻势很盛。

④ 炮九平六　　车4平2

⑤ 马六进四

红方进马捉双，奠定优势局面。

⑤ ……　　　　炮8平7

黑方如车8平6，则炮五平二，车6进1，炮二进三，象7进9，车七平五，红方大优。

⑥ 炮五平三（红方大优）

122

第98题

① 兵五进一

利用黑方中路防守薄弱的弱点，红方弃车冲兵，攻击准确。以下黑方有炮8平5吃车和炮8进1不吃车两种选择。

着法1：炮8平5

① ……　　　　炮8平5

② 车六平五　　车8进9

③ 兵五进一　　车8平7

④ 兵五平六

平兵闪将，控制中路。

④ ……　　　　士6进5

⑤ 车五平四　　车6平5

⑥ 车四进三（红方大优）

着法2：炮8进1

① ……　　　　炮8进1

② 车二进四

红方进车砍炮，再次弃车，为中路进攻创造条件。

② ……　　　　车8进5

③ 兵五进一　　车8平5

④ 炮八进一　　车5进2

⑤ 相三进五（红优）

第99题

① 前炮进三

红方弃车沉底炮，在黑方右翼抢先发动攻势。

① ……　　　　卒7平6

黑方如马4退3，则前炮平九，卒7平6，车八平四，炮6平2，车四平二，红方胜势。

② 前炮平九　　士5进6

黑方如改走马4退2，则车八进三，炮6平1，车八进三，士5退4，马七退九，卒1进1，马三进四，车8平7，炮八平六，红方优势。

③ 车八进六　　将5进1

④ 车八退一　　将5退1

⑤ 兵七进一

弃兵拦马，好棋。

⑤ ……　　　　炮6平3

⑥ 车八平六（红优）

第100题

① 车八平五

红方弃车砍炮，看准黑方底线的弱点，为车炮抢攻做准备。

① ……　　　　车7平5

② 炮三进七

炮打底线是弃车的后续手段。

② ……　　　　士6进5

③ 兵六进一

红方仅靠车炮是无法扩大优势的，进兵捉马增加进攻力量。

③ ……　　　　马5退7

④ 炮三平一　　车 5 平 6

黑方如改走士 5 进 6，则兵六进一，炮 5 进 1，兵六进一，红方胜势。

⑤ 车二进九　　车 6 退 6

⑥ 车二平三

捉死黑车，红方优势。

第 101 题

① 炮二平七

抓住黑方右翼空虚的弱点，红方平炮打马，弃车抢攻。以下黑方有车 8 进 6 吃车和炮 6 平 3 不吃车两种选择。

着法 1：车 8 进 6

① ……　　　　车 8 进 6

② 车八进五　　象 5 退 3

黑方如士 5 退 4，则炮五进四，士 6 进 5，炮七进二绝杀。

③ 车八平七　　士 5 退 4

④ 炮五进四　　将 5 进 1

⑤ 车七退一　　将 5 进 1

⑥ 炮五平九（红优）

着法 2：炮 6 平 3

① ……　　　　炮 6 平 3

② 车八进五　　象 5 退 3

③ 车八平七　　士 5 退 4

④ 炮五进四　　将 5 进 1

⑤ 车七退一　　将 5 进 1

⑥ 炮五平九

以下黑方如车 3 平 1，则马五进七，车 1 退 3，车二平三，红优。

第 102 题

① 车六平七

红方平车压马，酝酿弃子抢攻的手段。

① ……　　　　炮 8 平 7

② 兵三进一

红方已经算定可以先弃后取。

② ……　　　　车 8 进 4

③ 炮五进五

弃还一子的同时，能够多谋一象。

③ ……　　　　象 7 进 5

④ 炮八平二　　炮 9 平 3

⑤ 车七平六　　马 3 进 4

⑥ 车六平五（红方优势）

第 103 题

① 兵三进一

红方弃车准备利用双炮兵作杀。

① ……　　　　炮 5 退 1

黑方如马 2 退 3 吃车，则炮二进七，将 6 进 1，兵三进一，将 6 进 1，炮一退二，红方胜定。

② 炮二进七　　将 6 进 1

③ 兵三进一　　将 6 进 1

④ 炮一退二　　炮 5 平 9

黑方此时只能弃炮解杀。

⑤ 车七退一　　马2退4

黑方不能车4退3，否则炮一平三，黑方速溃。

⑥ 炮一退三（红方得子）

第104题

① 车六进三

红方弃车杀士，引离黑将。以下黑方有将5平4吃车和将5进1不吃车两种选择。

着法1：将5平4

① ……　　　　将5平4

② 炮八平六

这是红方弃车的后续手段。

② ……　　　　炮7平4

③ 车八进七　　炮4进4

④ 马七进六　　车8进3

⑤ 车八平六　　将4平5

⑥ 兵六平五（红优）

着法2：将5进1

① ……　　　　将5进1

② 兵六平五　　炮9进1

③ 车六平四　　炮7平6

因红方伏有兵五进一，马7进5，车四退三提双的手段，黑方选择平炮拦截，正确。

④ 车四平七　　炮9平8

⑤ 车八进三　　卒7进1

⑥ 车八平六（红优）

第2章　弃马

攻杀

第105题

① 马五退三　　车7退3

② 车五平四（红胜）

第106题

① 炮五退三　　士5进6

② 炮五平六（红胜）

第107题

① 马二进四　　士5进6

② 车八平六（红胜）

第108题

① 马六进四　　将6进1

② 兵五平四（红胜）

第109题

① 炮二平四　　将6进1

② 车五平四（红胜）

第110题

① 马六进七　　车4平3

② 马五进七　　将4平5

③ 车九进一（红胜）

第111题

① 炮五平六　　炮4进5

②马八进六　将4进1

③兵五平六（红胜）

第112题

①炮八进三　将6进1

②马四进六　士5进4

③车三平四（红胜）

第113题

①马七进六　士5退4

②车三平四　车8平6

③车四进一（红胜）

第114题

①马九进七　车3进1

②车八进一　车3退1

③车八平七（红胜）

第115题

①马五进三　车7进1

②车七平六　车7进4

③车六进一（红胜）

第116题

①炮一进二　象5退7

②马二进三　炮4平7

③炮三进三（红胜）

第117题

①兵三进一　将6平5

②马二进四　车6退4

③车三平四　马8退6

④车四进二（红胜）

第118题

①车三平六　将4平5

②车六进二　士6进5

③车八进一　士5退4

④车八平六（红胜）

第119题

①马四进三　车2平7

②车七平八　车7进1

③车八进八　马1退3

④车八平七（红胜）

第120题

①车六退一　车9平7

②车六平五　将6退1

③车四进四　车7平6

④车四进一（红胜）

第121题

①炮九平六　将4平5

②车九进一　将5退1

③马四进六　将5平4

④兵六平五（红胜）

第122题

①马二进四　将5平6

②车二进九　象5退7

③车二平三　将6进1

④车一进四（红胜）

第123题

①马七退六　士5进4

② 炮八平五　象7进5

③ 兵五进一　士4退5

④ 车二平五　将5平6

⑤ 兵二平三（红胜）

第124题

① 马六进四　士5进6

② 车五平六　象5退3

③ 车六进四　将5进1

④ 车七进二　将5进1

⑤ 车六退二（红胜）

第125题

① 马三进四　马5进6

② 炮三进四　车7退5

③ 车一平六　后卒平4

④ 车六进一　马6进4

⑤ 车六进二（红胜）

第126题

① 后炮平四　炮6平5

② 炮七退六　车4退1

③ 马六进四　炮5平6

④ 马四进二　炮6平8

⑤ 炮七平四（红胜）

第127题

① 车八进四　士5退4

② 兵四进一　将5进1

③ 炮九进二　将5平4

④ 车八退一　将4进1

⑤ 马二进四（红胜）

第128题

① 马四进三　炮2平7

② 炮八进六　士4进5

③ 炮四平九　马8退6

④ 仕五进四　炮7平4

⑤ 炮九进四（红胜）

第129题

① 马四进六　士5进4

② 马六退八　士4退5

③ 后马进七　将4退1

④ 马七进八　将4平5

⑤ 前马退六　士5进4

⑥ 马八进六（红胜）

第130题

① 马二退四　士5进6

② 炮一平五　象5进3

③ 后车平五　将5平6

④ 车六进一　将6进1

⑤ 兵四进一　将6进1

⑥ 车六平四（红胜）

第131题

① 马六进四　士5进6

② 炮九平五　象5退7

③ 炮一平五　将5平6

④ 马二退三　将6进1

⑤ 前炮平四　士6退5

⑥炮五平四（红胜）

第132题

① 炮四平六　　将4进1

② 马六进七　　将4退1

③ 马七进八　　将4进1

④ 马八进七　　将4退1

⑤ 车五退一　　将4退1

⑥ 马七退六（红胜）

争先、夺势、谋子

第133题

① 车五进二

　　红方弃马抢攻，着法有力。以下黑方有炮2进7吃马和马2退1不吃马两种选择。

着法1：炮2进7

① ……　　　　炮2进7

② 车五平八　　炮8平5

③ 车八退五（红方占优）

着法2：马2退1

① ……　　　　马2退1

　　黑方如马2进3，则车五平九，士5退4，前车进四，马3进1，相七进九，红优。

② 车九平八　　炮2平5

　　黑方如炮2进7交换，则车八退二，炮8平5，车八进七，炮5

进5，相七进五，红方多兵占优。

③ 炮五进五　　象7进5

④ 车五进二　　炮8进4

⑤ 车八进五（红优）

第134题

① 马二退四　　士5进6

② 车六进三　　将5进1

③ 后车平二（红方胜势）

第135题

① 相九进七

　　以下黑方有车8退2吃马和象3进1不吃马两种选择。

着法1：车8退2

① ……　　　　车8退2

② 相七退九　　炮3平2

③ 炮七平二（红优）

着法2：象3进1

① ……　　　　象3进1

② 车六退三　　车8退2

③ 车六平四　　车8平7

④ 炮五进四（红优）

第136题

① 车六平二　　车5平4

② 车二进一　　将6进1

③ 车二平六（红优）

第137题

① 帅五平六

红方出帅弃马，暗伏杀着。以下黑方有车3进1吃马和车7进2不吃马两种选择。

着法1：车3进1

① ……　　　　车3进1

② 车六进五　士5退4

③ 马五进四（红胜）

着法2：车7进2

① ……　　　　车7进2

② 车六进五　士5退4

③ 马五进六　车3平4

④ 车二平六（红优）

第138题

① 马七进五

红方弃马叫将，解杀的好棋。以下黑方有将5进1吃马和象3进5不吃马两种选择。

着法1：将5进1

① ……　　　　将5进1

② 车二进八　将5进1

③ 车二平九（红优）

着法2：象3进5

① ……　　　　象3进5

② 帅五平六　车8平6

黑方如车8进8，则马五进三，象5退7，马一退二，红方大优。

③ 马五退七　象5退3

④ 炮三进三

以下黑方如车6平4，则仕五进六，车4进6，帅六平五，马7进6，车二进八！车4退5，炮三进二，红方大优。

第139题

① 车四平五　车8平7

② 车五进一　炮2退1

③ 马七进五（红优）

第140题

① 马五进七　象5进3

② 炮二退二　象7退5

③ 兵四平五（红胜）

第141题

① 马四进三

红方弃马看似弃还一子，实则暗伏抢攻之着。以下黑方有车8平7吃马和将5平4不吃马两种选择。

着法1：车8平7

① ……　　　　车8平7

② 炮一进五　车7退6

③ 车四进九（红胜）

着法2：将5平4

① ……　　　　将5平4

② 马三进四　车8平9

③ 炮一平三　炮5进2

黑方如车9平6，则炮三进五，将4进1，马四进五吃炮，红方大优。

④ 炮三平五　炮5进3

⑤ 相七进五（红优）

第142题

① 马二进四　车6退1

② 马七进五　象3进5

③ 炮九平四（红优）

第143题

① 马三进四

利用黑方窝心马的弱点，红方弃马抢攻中路。以下黑方有车4进1吃马和前炮平8不吃马两种选择。

着法1：车4进1

① ……　　　车4进1

② 马四进五　车4退2

黑方如改走马3进5，则炮五进四，后炮平5，车一平四，红优。

③ 马五退三（红优）

着法2：前炮平8

① ……　　　前炮平8

② 车一平二　车4进1

③ 马四进五

继续进攻黑方中路，弃马的后续手段。

③ ……　　　车4平7

④ 马五进七　车7进4

⑤ 仕五退四　象3进1

⑥ 炮七平八（红优）

第144题

① 马四进六　士5进4

② 车四平六　炮2退2

③ 车六进一（红方胜定）

第145题

① 马七进五　士6退5

② 车七平四　车6进1

③ 车二平四　车3进3

④ 车四进二（红优）

第146题

① 马九退七

红方弃马抢攻，正确。以下黑方有车6平3吃马和车6平4不吃马两种选择。

着法1：车6平3

① ……　　　车6平3

② 炮八平七　车3进1

③ 相五进七　象3进5

④ 炮四进四（红方略优）

着法2：车6平4

① ……　　　车6平4

② 马七进八　象3进5

③ 马八进九　车4平3

黑方如改走炮4平3，则马九退七，将5平6，前马退五，马8进9，炮八进五，红方优势。

④ 炮八平七　车3平4

⑤ 马七进八　车4平3

⑥马八进七　炮4退1

⑦炮七平九（红方主动）

第147题

①马七进五

红方弃马破象，好棋。

①……　　　炮3进7

黑方如象3进5先吃马，则车五进二，炮3进7，以下与主变思路相同。

②仕六进五　象3进5

③车五进二　马1退3

④车五平二（红优）

第148题

①马五进四

红方弃马将军，打破相持局面。以下黑方有士5进6吃马和车8平6不吃马两种选择。

着法1：士5进6

①……　　　士5进6

②前炮平五　士6退5

③炮八进五　马7退8

④车九平六（红优）

着法2：车8平6

①……　　　车8平6

②前炮平一　车6进1

黑方如改走车2平4，则炮一进三，马6进8，车三进三，马8退6，车三退六，马6进8，车三

进六，马8退6，车三退一，马6进8，车三平四，连续运用抽吃战术吃掉黑马和黑车，红方胜势。

③炮八进五　象5退7

④炮八进二（红优）

第149题

①兵三进一

红方进兵捉马，弃子抢攻。

①……　　　车3进1

②车四平三　车8进9

③马三退二　车3退1

④车三退一

黑方左翼防守空虚，红方占优。

第150题

①后炮进三

红方弃马打卒，从中路发起攻势。

①……　　　车7平4

黑方如马3进4，则车四进六，车7进1，前炮平九，车1平2，车六退一，红优。

②车六平三　马3进5

③车四进五　马7退9

④车三退三（红优）

第151题

①车八进二

红方弃马吃卒，紧握战机。以下黑方有马6进7吃马和将5平4

不吃马两种选择。

着法1：马6进7

① ……　　　马6进7

② 车八进六　士5退4

③ 车八平七　炮3平2

④ 车七退二　炮2退2

⑤ 车七平三（红优）

着法2：将5平4

① ……　　　将5平4

② 车八进六　将4进1

③ 炮五平六　炮8进5

黑方如改走马6进7，则马九进七，黑方亦败。

④ 马三退五

红方子力集结于黑方右翼，攻势强大。

第152题

① 马七进五

红方马踩中士，撕开黑方防线。以下黑方有士6进5吃马和车5进2不吃马两种选择。

着法1：士6进5

① ……　　　士6进5

② 炮二进三　士5退6

③ 车四进三　将5进1

④ 车四退一（红胜）

着法2：车5进2

① ……　　　车5进2

② 马五退七　炮9平6

③ 炮二进三（红方胜定）

第153题

① 兵五平六

红方平兵弃马，抢攻中路。以下黑方有车4平3吃马和卒3平4不吃马两种选择。

着法1：车4平3

① ……　　　车4平3

② 兵六进一

红方冲兵攻入黑方九宫，是弃马的后续手段。

② ……　　　卒3平4

③ 兵六进一　卒6平5

④ 车五平四（红优）

着法2：卒3平4

① ……　　　卒3平4

② 车五平七　炮7平5

③ 仕六进五　炮5进3

黑方如车7进4，则兵六进一，炮5进3，炮八平五，象3进5，车二平四，红优。

④ 车七进二（红优）

第154题

① 车八平六

抓住黑方底线的弱点，红方平车弃马，夺势要着。以下黑方有炮7进5吃马和卒5进1不吃马两种选择。

着法1：炮7进5

① ……　　　炮7进5

② 炮九平七　士4进5

③ 马八退七　马5退3

④ 帅五平六（红方胜势）

着法2：卒5进1

① ……　　　卒5进1

② 帅五平六　炮3平4

黑方如改走车3平2，则炮九平七，士4进5，车六进一绝杀。

③ 炮九平七　士4进5

④ 炮七退六　车7退3

⑤ 车六平八（红方胜势）

第155题

① 马六进八　将5平6

② 马四进三　炮6平7

③ 马八进六　士5进4

④ 车三退一（红优）

第156题

① 车六平三　士5退6

红方开车弃马抢攻，黑方不能吃马，否则红车将军吃士，再上马助攻，黑方难以抵挡。

② 马七进六　卒1进1

黑方如炮5平3，则马六退七，车2平3，炮六进一，红优。

③ 炮六进一　马1进2

④ 马六退五（红优）

第157题

① 马七进八

红方弃马是争先之着，利用子力位置上的优势，获取攻势。

① ……　　　车4平5

② 马八进六　车5退1

③ 马六进七　马7进6

黑方意图通过交换简化局面，如象5进3，则马七进九，马7退5，车四进二，马5进4，马九进七，红方占优。

④ 马七退五　马6进7

⑤ 炮三进三（红优）

第158题

① 马八退六

红方弃马引离黑士，为中马挂角将军创造条件。

① ……　　　士5进4

② 马五进四　将5进1

③ 马四退三　车7退2

④ 前车进一

逼兑黑车，形成有车攻无车的局面。

④ ……　　　车7平8

⑤ 车二进五（红优）

第159题

① 马七进五

红方弃马叫将，阻挡黑方车8平2的转移路线。如误走仕五进四解杀，则车8平2，马七进五，象3进5，马五进三，象5退7，炮三退一，车2进7，以后车2平4，黑方胜势。

① ……　　　象3进5

黑方如将5进1，则车二进八，接下来再帅五平六，红方胜势。

② 仕五进四　车8平6

黑方如车8进8，则马五进三，象5退7，马一退二，卒7进1，炮三进三，将5进1，兵一进一，红方以后马二进一再马一进二，胜势。

③ 马五退七　士4进5

④ 车二进五　车6进2

黑方如车6进6，则车二平三，炮1进3，帅五进一，车6平7，车三平六! 红方胜定。

⑤ 车二平三（红优）

第160题

① 兵五进一

红方弃马抢攻，剑指黑方中路，着法积极有力。以下黑方有炮7进2吃马和马3进5不吃马两种选择。

着法1：炮7进2

① ……　　　炮7进2

② 车四进三

再弃一马，把攻势发挥到极致。

② ……　　　马3进5

黑方如炮7平3，则兵五进一，马3进5，兵五进一，士6进5，车四平五，将5平6，车九平四，马5进6，车四进一绝杀。

③ 炮五进五　士5进6

④ 炮八平三　炮3退1

⑤ 炮三平四（红优）

着法2：马3进5

① ……　　　马3进5

② 车九平五

借平车捉马之机，给车生根。

② ……　　　马5退3

黑方如炮7进2，则炮五进四，车8退3，炮八平三，卒3进1，车四平六，红优。

③ 兵三进一　车8退3

④ 兵三进一（红优）

第161题

① 前马进五

红方弃掉四路马，在中路交换，破去黑方连环马的防守作用，为抢攻中路创造条件。

① ……　　　马3进5

② 炮七平五

平中炮是上一着的后续手段。

②……　　　　　车 6 退 2

③车八进五　　士 5 退 4

④后炮进四　　士 6 进 5

⑤前炮进二

中路是红方突破的主要方向，进炮打士，保留中炮的威胁。以下黑方如车 6 进 4 吃马，红方可前炮平一先弃后取，多子胜势。

第162题

①炮二进四

利用黑方中路受牵制的弱点，红方进炮抢攻，积极有力。以下黑方有前卒进 1 吃马和马 8 进 7 不吃马两种选择。

着法 1：前卒进 1

①……　　　　　前卒进 1

②车四进七

进车捉炮是弃马的后续手段。

②……　　　　　炮 8 平 9

③车四平二　　将 5 平 4

④炮二进三　　车 4 退 3

⑤马八退七（红优）

着法 2：马 8 进 7

①……　　　　　马 8 进 7

黑方如马 8 进 9，则车四进七，炮 8 退 2，车四平三，炮 8 进 1，马三退四，红优。

②车四进六

进车准备掩护八路马前进。

②……　　　　　前卒进 1

③马八进七　　车 4 进 3

④车四平三　　将 5 平 4

⑤车三进一　　炮 8 平 9

⑥炮五平七（红优）

第163题

①炮八进七

抓住黑方窝心马的弱点，红方弃马抢攻。以下黑方有车 3 进 1 吃马和车 3 平 4 不吃马两种选择。

着法 1：车 3 进 1

①……　　　　　车 3 进 1

②车五平六　　炮 9 平 5

③帅五平六　　马 5 进 3

④炮四平七　　士 6 进 5

⑤相七进五（红优）

着法 2：车 3 平 4

①……　　　　　车 3 平 4

②相七进五

红方率先补厚中路，不给黑方炮 9 平 5 的先手，为进攻赢得时间。

②……　　　　　车 8 进 3

③车八进七

伏有炮四进一的争先手段。

③……　　　　　车 8 平 4

④炮四进一　　炮 5 进 1

⑤车八平四

135

红车调到右肋，伺机闪炮攻击底士。

⑤……　　　炮9退2

⑥车五平三（红优）

第164题

①炮八平七

抓住黑方底线的弱点，红方弃马作杀，争先的好棋。

①……　　　士5退6

黑方如车6平3吃炮，则车七退一，车4进1，车八平一，炮9平8，车七平二，炮1平5，车二退七，红方大优。

②炮七进二　士4进5

③炮七平九

再度弃马抢攻，紧凑有力。

③……　　　炮1平5

④车八进三　士5退4

⑤马六退四

弃马解杀巧着，红优。

第165题

①马三进五

红方弃马搏象，打开黑方右翼的缺口。

①……　　　象3进5

②炮八进七　象5退3

③车七进九　车8进7

④车七退四　士4进5

⑤车七平六（红优）

第166题

①马四进五

红方进马吃象，打破相持局面。

①……　　　象7进5

②车三进四　炮9退1

黑方如改走卒3进1，则车三平一，卒3进1，炮六平七，马3进4，车八平七，车3进1，炮七进六，红方得子得势。

③车三平五　车8进5

④车五平七　车8平7

⑤车七退一（红优）

第167题

①炮五进四　车2退2

②马三进五

抓住黑方窝心马的弱点，红方实施弃子抢攻。

②……　　　马4退5

黑方如车2平5吃炮，则马五进七绝杀。

③车四退二　车2平3

黑方平车控制红方马九进七的线路。

④帅五进一

红方上帅助攻，紧凑。

④……　　　车3平5

⑤车四平五（红优）

第 168 题

①车四进五

抓住黑方单士的弱点，红方弃马进车，算度精确。以下黑方有车8平7吃马和炮7平8不吃马两种选择。

着法1：车8平7

①……　　　　车8平7

②马八退七

红方再弃一马，腾挪车位。

②……　　　　车3进2

③车八进四　　士5退4

④帅五平四　　车7平6

黑方只能弃还一车拦帅，阻其助攻。

⑤仕五进四（红优）

着法2：炮7平8

①……　　　　炮7平8

②车八进二　　车8平7

③车八平二　　车7进1

黑方弃还一子，准备兑车。

④车二进一　　车7平6

⑤车四退七　　马7退6

⑥马八退九（红优）

第 169 题

①仕六进五

红方支仕，准备弃马争先。以下黑方有车2平3吃马和车4平6不吃马两种选择。

着法1：车2平3

①……　　　　车2平3

②车二平七　　车4退3

黑方如炮3退1，则车九平六，车4退5，车七平六，车4进4，车六进五，马1退2，帅五平六，红方可得回失子，形势占优。

③炮三进一　　车4进1

④车七进二　　车4平3

黑方如车4平5，则车七进二再炮三平九吃马，红方大优。

⑤兵七进一

抓住黑方3路线的弱点，冲兵助阵，好棋。以下后车退1，炮三平七，车3平2，兵七进一，红方优势。

着法2：车4平6

①……　　　　车4平6

②车二平七　　炮3退1

③炮三进一　　车6退2

黑方如车6退3，则车九平六，车2退4（车6平7，车七平六，红方胜势），炮三平五，象7进5，炮五退二，红方多兵占优。

④炮三平九　　车6平5

⑤炮九进二　　车2退7

⑥车七进三

以后红方弃底炮走车九平六，即可凭借多兵的优势稳步进取。

第170题

① 车二进八

红方进车弃马，是夺取局面主动权的好棋。

① …… 　　　　车3进1

② 车二平一　　车9平8

③ 车四平二　　卒7进1

④ 车二进八　　卒7进1

⑤ 兵三进一

黑方如续走炮6平7，则马三进四，弃掉三路底相，对攻中红方占优。

第171题

① 马三进五

红方弃马破象，徐图进取的选择。

① …… 　　　　象3进5

黑方如炮7进7打车，则马五进七再炮二平四成杀。

② 车三进六　　车8平7

③ 马四进三　　卒3进1

④ 兵七进一　　象5进3

⑤ 马三退一

红方多兵多相，形势占优。

第172题

① 兵七进一

红方弃马进兵，强攻黑方右翼。以下黑方有车4进1吃马和车4平3不吃马两种走法。

着法1：车4进1

① …… 　　　　车4进1

② 兵七进一　　卒7进1

③ 兵七进一　　马7进6

④ 兵三进一　　象5进7

⑤ 兵七进一

红方车炮兵攻势强烈，以下黑方如炮4平2，则兵七进一，炮2退2，车六平八捉死炮，红方大优。

着法2：车4平3

① …… 　　　　车4平3

② 车六平八　　象7进9

③ 马六进八　　士5进6

④ 马八进九

以下黑方如士6进5，则车八进一，炮4退2，车八退四，车3退4，马九进八打车，红方大优。

第173题

① 马五进四

红方弃掉七路马，跳出窝心马，好棋。

① …… 　　　　车3进1

② 相七进五　　炮5进4

黑方如车3退1，则仕四进五，炮6平7，马四进三，车9进1，后炮进一，红方先手。

③仕四进五　　车3退2

④马四进五　　车3平4

⑤车七退一

红方反客为主，形势稍好。

第174题

①炮二进四　　车7进1

②炮二平三　　车7平9

黑车被打到边路，无法参与进攻或防守，红方弃马取得满意效果。

③炮三进三

红方弃炮打象，引离窝心马，为左翼进攻创造条件。

③……　　　　马5退7

④炮七进八　　士4进5

⑤马八进九（红优）

第175题

①马三进四

红方弃马捉车，争先之着。以下黑方有车6进4吃马和车4退1不吃马两种选择。

着法1：车6进4

①……　　　　车6进4

②兵七进一　　车4进1

③炮八平四　　车4平6

④兵七进一　　马3退1

⑤车八进五

红方进骑河车控制局面，也可以车一平四兑车，形成有车杀无车的局面，无论哪种走法，红方都可占优。

着法2：车4退1

①……　　　　车4退1

②马四进五　　炮4平5

③炮三进一　　车6进2

④兵三进一　　马8退9

⑤炮八进二

以下黑方如卒3进1，则马六进四。另如车4退1，则马五进七。红方都可占优。

第176题

①马二进一

红方弃马力求削弱黑方中路防守，以下黑方有马7进9吃马和象3进5不吃马两种选择。

着法1：马7进9

①……　　　　马7进9

②炮五进四

这是弃马的后续手段。

②……　　　　车7退1

黑方如马9退7，则炮五退二，车1平2，炮四进三，将5进1，车二进八，将5进1，车二平四，红方大优。

③相三进五　　车7平6

④炮五平一　士4进5

⑤车八进六（红优）

着法2：象3进5

①……　　　象3进5

②马一进三　炮4平7

③车八进六

红方进车准备夺取卒林线的控制权。

③……　　　炮7进3

④炮五进四　马3进5

⑤车八平五（红优）

第177题

①车三进三

红方弃马杀象，果断有力。如选择退让而走马七进五，则车3平5，炮五平四，卒3平4，黑方保留过河卒参战的机会，黑方满意。

①……　　　将5平4

②车三退三

再次弃马，准确攻击黑方右翼。

②……　　　马5进3

黑方如卒3平4，则马七进五，车3平5，炮五平二，车5平8，兵三进一，车8退1，马四退三，车8进3，炮四进六，红优。

③炮四平七　车3进1

④车三平七　象5退7

⑤炮五平三

伏有马四进三的先手，红方占优。

第178题

①马六进五

红方弃马吃象，打破相持局面的争先之着。

①……　　　象3进5

②炮五进五　士5退6

③兵七进一　车8退2

④炮五平一　马8进9

⑤车四进四（红方有攻势）

第179题

①马四进五

红方马踏中士，发现了黑方阵形中的问题所在。

①……　　　士4进5

②车七进三

捉马的同时伏有车4进5双车攻士的手段。

②……　　　车8退8

黑方如车5平4，则车七平九，炮5进2，车四进二，车4进1，前炮进二，红优。

③车七平九　炮5平4

④车四平七　炮4退2

黑方如象7进5，则车九平六，红优。

⑤车七进六（红优）

第180题

① 车七进四

红方高车弃马，由此展开车、马、兵三子联攻。以下黑方有车2平4吃马和将5平6不吃马两种选择。

着法1：车2平4

① ……　　车2平4

② 车七平二　将5平6

黑方如将5平4，则兵七平六，将4进1，车二平六，绝杀。

③ 车二进四　将6进1

④ 车二退二　将6退1

⑤ 兵七平六（红优）

着法2：将5平6

① ……　　将5平6

② 车七平二　士6进5

③ 车二进二　车2平4

④ 车二平四　士5进6

⑤ 帅五平四（红优）

第181题

① 马六进五　象7进5

② 车八平五　士6进5

黑方如马7退5保子，则炮四平二再炮二进七绝杀。

③ 车五平三　车1平2

④ 车三退一　车2进5

⑤ 车三平五（红优）

第182题

① 前炮进五　象5退3

② 车七进三　炮5平7

③ 车七退五　士4进5

④ 马三退一　炮8进4

⑤ 车七平四（红优）

第183题

① 车五平七

红方弃马抢攻黑方底线。以下黑方有车4平5吃马和车4平2不吃马两种选择。

着法1：车4平5

① ……　　车4平5

② 车七进二　车5平2

③ 车二进二　卒5进1

黑方如改走马5退7，则车二平六，车2退6，车七平八，卒5进1，车六进一，红方大优。

④ 车二进二　马5退7

⑤ 车二平六　车2退6

⑥ 车七平八（红优）

着法2：车4平2

① ……　　车4平2

② 车七进二　马7进6

③ 炮八平九

红方仍旧弃掉中路马，为调动子力赢得时间。

③ ……　　车7进6

141

④ 车二平四　马6退4

⑤ 车四进六　车2退5

⑥ 车四平二

红方以后有炮九平六破士的手段，红方优势。

第184题

① 车八平五

红方弃马吃卒，打通黑方卒林线，有利于发挥双车炮的攻击作用。

① ……　　　车4平3

② 车五平三　士5退6

黑方如象3进5，则车四进八，车8进5，仕五退四，士5退6，炮一平三，士6进5，车三平四，红方大优。

③ 炮一平三　士6进5

④ 炮三退四　象3进5

⑤ 炮三平八　卒3进1

⑥ 炮八进一（红优）

第185题

① 马三进五

红方弃马避免黑方马七进五后形成一马换双象的局面，不给黑方反击的机会。

① ……　　　炮5进4

② 炮六进一

打马的同时又捉中炮，红方弃马的续着。

② ……　　　车7平4

黑方如改走炮5进2，则仕四进五，炮6平5，马七进五，炮5进5，炮六平三，车7平6，前炮进六，士6进5，车二退三，红优。

③ 炮六平三　卒7进1

黑方如象7进9，则后炮进三，炮5平3，后炮平五，炮6平5，兵五进一，红优。

④ 炮三进八　将5进1

⑤ 马七进五　卒7平6

⑥ 马五退七（红优）

第186题

① 炮二平五

红方弃马立空头炮，积极进取。以下黑方有炮7进3吃马和卒3进1不吃马两种选择。

着法1：炮7进3

① ……　　　炮7进3

② 车八进七　车9平3

③ 车一平二　马9退7

黑方退马准备策应中路。

④ 车二进八

红方进车牵制刻不容缓。以后计划通过炮九进一，卒3进1，炮九进一，炮3进1，车八平五的手段，获得攻势。

④ ……　　　车6退2

⑤车八退二　卒3进1

⑥车八平七

以后红方通过车二退一组织攻势，红优。

着法2：卒3进1

①……　　　卒3进1

②兵七进一　车9平2

③炮五进一　车6退3

④兵七平八　将5进1

⑤车一平二

黑方阵形不整，红方大优。

第187题

①马二退一　象7进5

黑方如象7进9吃马，则车二进二，象9退7，车二平三，红胜。

②车二进二　士5退6

③马一进三　将5平4

④车二平四　将4进1

⑤炮一退一　士6退5

⑥兵六进一（红胜）

第188题

①兵五平六　车8退7

②马六进七　车8平9

③兵六进一　将4平5

④马七进五　士6进5

⑤兵六进一　将5平6

⑥炮五平四（红胜）

第189题

①马二进四

红方弃马叫将，抓住要点。以下黑方有将5平6吃马和象5退7不吃马两种选择。

着法1：将5平6

①……　　　将5平6

②车二进三　象5退7

③车二平三　将6进1

④兵三进一（红胜）

着法2：象5退7

①……　　　象5退7

②马四退五

红方再度弃马叫杀，紧凑。

②……　　　象7进5

黑方如士5退6，则马五进七，将5进1，车二进二，红胜。

③车二进三　象5退7

④车二退六　象7进9

⑤车二平四　炮9退6

⑥车四平六（红方胜势）

第190题

①炮五进三　士5进4

②炮五平六　将4平5

③车七进一

红方进车将军，把黑将驱赶到红马一步便可攻击的范围内。

③……　　　将5进1

④马三进四　　将5平6

⑤马四进六　　将6平5

⑥车七平五（红胜）

第191题

①前车平五　　将5平4

②车四平七

红方弃马抢攻，算准黑方如车8平7吃马，可车七进四再车七平三抽吃黑车。

②……　　　　炮3进2

③马三退五　　车8进2

④车五平六　　将4平5

⑤车六退三　　车8平4

⑥马五退七（红优）

第192题

①兵三进一

红方弃马冲兵，主动挑起战火。以下黑方有车3进1吃马和卒3进1不吃马两种选择。

着法1：车3进1

①……　　　　车3进1

②兵三进一　　炮8进5

黑方只能通过交换来简化局势，如马7退5，则车四平六，车3退1，车八平六，黑方只能马5进7，兵三进一，士6进5，前车平八，红方大优。

③兵三进一　　炮8平5

④兵三平四

红方弃炮抢攻，要着。

④……　　　　卒3进1

⑤车八进四　　车8进4

⑥兵四平五（红方胜势）

着法2：卒3进1

①……　　　　卒3进1

②车八进四

红方利用黑方底象的弱点，发起进攻。

②……　　　　车3进1

③兵三进一　　炮8进5

④车八平七　　炮8平5

⑤车七退一　　车3平2

⑥车四进七

接下来伏有车七平五的攻击手段，红优。

第193题

①马四进五

红方弃马吃象，抓住黑方中路弱点。以下黑方有车5退1吃马和炮1退4不吃马两种选择。

着法1：车5退1

①……　　　　车5退1

黑方如改走象7进5，则炮六平五，同样打死黑车。

②炮六平五　　将5平6

黑方如车5进4，则车二平五，

炮1退7，兵七进一，将5平6，兵七进一，红方胜势。

③ 后炮进五　　象7进5

④ 车二进六　　马9退7

⑤ 车二退九　　炮9退1

⑥ 兵七进一（红方胜势）

着法2：炮1退4

① ……　　　　炮1退4

② 马五进七　　将5平6

③ 炮六平四　　炮1平6

④ 仕六进五（红优）

第194题

① 车一进一

红方起横车准备组织快攻，以下黑方有炮3进3吃马和马8进7不吃马两种选择。

着法1：炮3进3

① ……　　　　炮3进3

② 车一平六　　马8进7

③ 前炮退一　　炮5进1

④ 车六进七　　炮3平4

⑤ 仕六进五

红方不吃黑炮，支仕准备出帅助攻，紧凑有力。如车六退六吃炮，则象3进5，黑方从容布防，红方攻势受阻。

⑤ ……　　　　炮4退1

⑥ 车四进一

以后红方伏有车四平七的攻势，红优。

着法2：马8进7

① ……　　　　马8进7

② 前炮退一　　车2退2

③ 车一平六　　炮5进1

④ 后炮平三　　卒7平6

⑤ 仕六进五

红方以后有车六进五的攻击手段，红方占优。

第195题

① 马八进七　　车4平3

② 车一平六　　车3平4

③ 兵四进一　　前卒平6

④ 帅四进一　　卒5平6

⑤ 帅四进一　　车4进4

⑥ 兵四平五（红胜）

第196题

① 兵六进一

红方弃马抢攻，着法直接，也可以马七进六稳步进取。

① ……　　　　炮3进5

黑方不得不吃，否则红方马七进六威胁黑方中路。

② 炮五进四

弃马的后续手段，以后以炮空头为进攻支撑点展开攻势。

② ……　　　　马2进3

145

③兵六进一　车9平8

黑方通过兑车延缓红方进攻速度。

④车二进九　马9退8

⑤炮八进二　炮3退2

⑥车九平八（红优）

第197题

①马七进五

红方弃马吃象，伏有马五进七的杀棋。

①……　　　象3进5

②车八平五　马7进5

黑方如卒7进1，则车五进二，士4进5（如马7退5，则兵七进一，车5平2，兵七进一，车2退4，兵七进一，车2进3，车二进五，红方大优），车五平七，士5进4，车七进二，将5进1，车七退三，红方胜势。

③炮五进二　马3进4

④车二进六　车5退1

⑤车五退一　车8进3

⑥车五进二（红方大优）

第198题

①马五进六

红方弃马抢攻，争先的关键。以下黑方有车4平3吃马和卒3进1不吃马两种选择。

着法1：车4平3

①……　　　车4平3

②车二平四　炮2退4

③兵三进一　车3平4

黑方如改走炮6平8，则马六进八，象5退7，炮八进五，车3平2，炮八平三，车2进2，帅五平四，红方大优。

④马六进七　炮6平5

⑤马七进八　车4进1

⑥兵三进一（红优）

着法2：卒3进1

①……　　　卒3进1

②马六进五

一马换双象，弃马的续着。

②……　　　象7退5

③炮五进五　将5平4

黑方如改走士5退4，则车二进二，炮2退5，兵七进一，马3进5，兵七平六，红方有攻势，占优。

④车二平八　车4平3

⑤车八进三　将4进1

⑥车八退六

以下黑方如炮6退1，则车八平六，利用黑方将位不佳的弱点，开展攻势。黑方另如炮6平9，则兵三进一，炮9进3，仕五退四，卒 3 进 1，炮八平七，牵制黑方车马，红方优势。

第 199 题

① 马七进五

红方弃马吃象，利用子力位置上的优势，与黑方展开搏杀。

① ……　　　象 3 进 5

② 炮三平五

果断！红方如车二平四，则炮 8 退 3，马三进五，车 3 平 4，红方攻势受阻。

② ……　　　马 9 退 7

③ 车二平四　炮 6 进 1

④ 马三进五　卒 3 平 4

⑤ 马五进四　马 7 进 5

⑥ 车八进七（红优）

第 200 题

① 马七进五

红方弃马搏象，迅速打开局面。

① ……　　　象 7 进 5

黑方如改走士 5 进 6，则马五进七，将 5 进 1，车四进三，后炮退 1，车四平七，车 2 退 5，车二进六，红方大优。

② 炮二平五　士 5 进 6

③ 车四进三　车 8 进 9

④ 马三退二　马 9 退 8

⑤ 炮五平三　炮 7 退 4

⑥ 车四平七（红优）

第 201 题

① 炮六进七

利用黑车位置不佳的弱点，红方弃子抢先。

① ……　　　车 5 平 3

② 炮六平三　象 3 进 5

③ 炮三退一　车 3 进 1

④ 车八进七　卒 3 进 1

黑方如象 5 退 3，则车八平七，黑方还是要象 3 进 5，红方车七平九吃马。

⑤ 车八平九　卒 3 进 1

⑥ 车九平七（红优）

第 202 题

① 车八进九

红方弃马进攻黑方底线，发挥双车位置上的优势。

① ……　　　车 3 进 1

② 车八平七　士 6 进 5

③ 相五进三　车 7 退 2

④ 车七退四

兑车有利于消弱黑方右翼的防守力量。

④ ……　　　车 3 平 2

⑤ 车七平八　车 2 退 3

⑥ 车六平八（红优）

第 203 题

① 马三进四

红方弃马捉车，着法积极。

① ……　　　　车 6 进 4

② 兵七进一　　车 4 进 1

③ 炮八平四　　卒 3 进 1

④ 炮四进一

黑方暂时没有物质上的损失，但是原有的防守阵形变得散乱。

④ ……　　　　马 8 退 9

⑤ 炮三进二　　马 3 进 4

⑥ 车八进六

以下黑方如马 4 进 6，则车八平五，象 3 进 5，炮三平六，车 4 退 3，车五平四，红方弃子有攻势，占优。

第 204 题

① 车四平六

红方平车占肋，准备发动钳形攻势左右夹击。以下黑方有车 2 平 1 吃马和士 5 进 6 不吃马两种选择。

着法 1：车 2 平 1

① ……　　　　车 2 平 1

② 马二进一　　士 5 进 6

③ 车六进四　　炮 3 平 1

④ 车六平七　　车 1 平 2

⑤ 车七退一　　车 2 退 6

⑥ 马一退二（红优）

着法 2：士 5 进 6

① ……　　　　士 5 进 6

② 车六进四

红方进车捉炮，着法强硬。

② ……　　　　炮 3 平 2

③ 马二进一　　卒 9 进 1

④ 相五退七　　马 3 退 2

⑤ 车六平七（红优）

第 3 章　弃炮

攻杀

第 205 题

① 炮九平六　　将 4 进 1

② 车五平六（红胜）

第 206 题

① 前炮进二　　士 4 进 5

② 帅五平六（红胜）

第 207 题

① 炮九平六　　炮 4 退 6

② 炮七进二（红胜）

第 208 题

① 炮三进一　　车 8 平 9

② 车六退一（红胜）

第 209 题

① 炮一平五　　后卒进 1

黑方如士4进5，则车四平五，绝杀。

② 马四进六（红胜）

第210题

① 炮七进三　象5退3

② 车二平四（红胜）

第211题

① 炮六进五　士5进4

② 炮八平五　车5平6

③ 车六平五（红胜）

第212题

① 炮一平五　车2平5

② 车三平五　炮2平4

③ 车五进一（红胜）

第213题

① 炮八进二　象1退3

② 炮七进三　炮4平2

③ 马七进六（红胜）

第214题

① 炮七平九　炮1退9

② 车八进一　士5退4

③ 车八平六（红胜）

第215题

① 马三进二　炮4平1

② 车八平六　炮1进3

③ 马二进三（红胜）

第216题

① 前炮进三　象1退3

② 炮七进九　象5退3

③ 前车进四（红胜）

第217题

① 炮八进七　车3退4

② 兵六平五　将5平6

③ 马四进六　车3平2

④ 兵五进一（红胜）

第218题

① 前炮进七　象9退7

② 炮三进九　炮6进9

③ 车七进三　士5退4

④ 马六进七（红胜）

第219题

① 兵四进一　将5平6

② 车五平四　士5进6

③ 马一进二　炮9退9

④ 车六进三（红胜）

第220题

① 马五进三　将6退1

② 炮九进二　马2退1

③ 马三进二　将6进1

④ 车九进八（红胜）

第221题

① 炮五退二　炮2进7

② 相七进五　马1退3

149

黑方如马1进3，则炮五平六，马3退4，车七平六，将4平5，车六进一，将5进1，车六平五，红胜。

③ 炮五平六　马 3 进 4

④ 炮六进四（红胜）

第 222 题

① 车四进二　车 5 平 7

② 马三进五　车 7 进 1

③ 马五进七　车 7 平 5

④ 兵六平五（红胜）

第 223 题

① 炮一进一　象 5 进 7

② 马六进四

红方弃炮的作用在于借炮使马，为后续车马作杀创造条件。

② ……　　象 7 退 9

③ 马四退五　将 4 平 5

④ 马五进三　将 5 平 6

⑤ 车五进三（红胜）

第 224 题

① 炮七进九

红方弃炮打象，为三路兵下底线将军创造条件。

① ……　　象 5 退 3

② 兵三进一　将 6 进 1

③ 炮五平四　车 9 平 6

黑方如卒 5 平 6 或士 5 进 6，

则马四进二，双将杀。

④ 车六平四　士 5 进 6

⑤ 马四进二（红胜）

第 225 题

① 马三进五　车 2 平 5

② 马五进七

红方进马以后，黑方无论如何"挣扎"，都无法解杀。

② ……　　车 5 平 4

③ 帅六平五　车 4 进 6

④ 帅五平六　炮 5 进 4

⑤ 马七退六（红胜）

第 226 题

① 马五进三　象 7 退 9

② 马三进四　将 5 平 6

③ 马四退二　将 6 平 5

④ 马二退三　将 5 平 6

⑤ 车六平四（红胜）

第 227 题

① 马四进六　将 4 平 5

② 马六进八　士 5 进 4

③ 马八进九　士 4 退 5

④ 炮六进四

红方献炮引入，为马后炮作杀创造条件。

④ ……　　将 5 平 4

⑤ 马九退八（红胜）

第228题

① 炮七进七

红方进炮弃炮，是最简明的取胜方法。

① ……　　　　马5进3

② 马五进四　　士4退5

③ 兵二平三　　马3进5

④ 马四进六　　马5进4

⑤ 后兵进一（红胜）

第229题

① 马三退二　　将6平5

② 后炮进三

红方弃炮将军，引离黑车，为闪出车路创造机会。

② ……　　　　车1平5

③ 车四平一　　士4退5

④ 兵七平六　　将5平4

⑤ 车一进七　　士5进6

⑥ 车一平四（红胜）

第230题

① 炮三平五

红方弃炮意义深远，既削弱黑方中路防守力量，又为马五进三腾挪出位置。

① ……　　　　象7进5

② 车四进六　　将6平5

③ 马五进三　　车7平5

④ 相三进五　　车8退6

⑤ 车四平五　　马2进1

⑥ 车五进一（红胜）

第231题

① 炮二进六　　象7进9

② 炮五进五

红方弃炮是利用引入战术，为后续双车炮作杀创造条件。

② ……　　　　将4平5

③ 车六平五　　象3进5

④ 车三平五　　士4退5

⑤ 车五进一　　将5平6

⑥ 后车平四（红胜）

第232题

① 炮九进三　　象3退1

② 车七平六　　马5进4

③ 车六进四　　将4平5

④ 马七进六　　将5退1

⑤ 车六平五　　象7退5

⑥ 车五进一（红胜）

第233题

① 兵四进一　　将6退1

② 兵四进一　　将6平5

③ 兵四进一　　士5退6

④ 车四进七　　将5进1

⑤ 车三进四　　将5进1

⑥ 车四退二（红胜）

第 234 题

① 前马退四　马 2 进 4

② 炮四进五

红方通过弃炮引离黑马，扫清红方作杀的障碍。

② ……　　　马 4 进 6

③ 马四进六　马 6 退 5

④ 前马退五　将 6 进 1

⑤ 马五退三　将 6 进 1

⑥ 马六进五（红胜）

第 235 题

① 炮三进二

红方弃炮将军，为右车左移解杀创造条件。

① ……　　　象 5 退 7

② 车二平七　卒 5 进 1

③ 帅四平五　卒 4 进 1

④ 帅五平六　象 7 进 9

⑤ 车七进二　士 5 退 4

⑥ 车七平六（红胜）

第 236 题

① 前炮平六　车 4 进 1

② 炮二平六

红方通过连续弃炮，闪出车路。

② ……　　　车 4 平 6

③ 兵三平四　炮 5 平 6

④ 兵四进一　卒 7 进 1

⑤ 帅四进一　卒 7 平 6

⑥ 车二进七（红胜）

第 237 题

① 前炮平六　车 4 进 2

② 炮一平六　车 4 平 9

③ 车一进二　炮 4 进 6

④ 马六进五　卒 5 进 1

⑤ 帅六平五　炮 4 进 3

⑥ 车一进三（红胜）

第 238 题

① 炮七进二

红方弃炮巧妙！使黑方 6 路炮在之后无法往右移动，属于弃炮堵塞战术的一种。

① ……　　　象 1 退 3

② 车三进一

红方弃车吸引黑车，之后准备再弃马吸引黑车，使其堵塞黑炮左移的路线！

② ……　　　车 8 平 7

③ 马八进七　将 5 平 6

④ 马一进三　车 7 进 2

⑤ 炮五平四（绝杀！红胜）

第 239 题

① 炮三进四

红方弃炮引离！迫使黑 6 路马退 7。为以后马三进四时，具有马四进六挂角和马四进三卧槽的双重叫杀做准备。

① ……　　　　马 6 退 7

② 车六进六

红方再弃车引离黑马堵塞黑将。

② ……　　　　马 3 退 4

③ 马三进四

绝杀！黑方无法化解马四进六和马四进三的双重叫杀。

③ ……　　　　前炮退 2

④ 马四进三（红胜）

第 240 题

① 车四进九　　士 5 退 6

② 炮三进三　　士 6 进 5

③ 炮三退四　　士 5 退 6

④ 炮一平五

红方弃炮引离！迫使黑方车 4 平 5，使其离开防守红马卧槽或者挂角的重要位置。

④ ……　　　　车 4 平 5

⑤ 马八进七　　将 5 进 1

⑥ 车二退一（红胜）

争先、夺势、谋子

第 241 题

① 车二进四

红方利用黑方底线的弱点，弃炮抢攻，争先之着。以下黑方有车 5 进 1 吃炮和象 9 进 7 不吃炮两种

选择。

着法 1：车 5 进 1

① ……　　　　车 5 进 1

② 炮三进七　　士 6 进 5

③ 炮三平一

红方有连将杀的机会，胜定。

着法 2：象 9 进 7

① ……　　　　象 9 进 7

② 车二平三

平车是经典腾挪战术，为红炮调运到二路线参与进攻腾出线路。

② ……　　　　马 3 退 4

③ 炮五平二　　车 2 平 8

④ 炮三平二　　车 5 退 1

黑车不能离线，只好弃车。

⑤ 后炮进四　　车 5 平 8

⑥ 帅五平四（红优）

第 242 题

① 炮八进五

红方弃炮为撕开黑方防线创造条件。以下黑方有炮 7 平 2 吃炮和车 5 平 7 不吃炮两种选择。

着法 1：炮 7 平 2

① ……　　　　炮 7 平 2

② 马六进七　　将 5 平 6

③ 马七退五（红优）

着法 2：车 5 平 7

① ……　　　　车 5 平 7

黑方如马3进2，则相五进七，象5进3，马六进七，炮7平4，车六退二，车5平3，炮六退一，以下红方有仕五进六助攻的手段，红方胜势。

② 炮八平三　车7退1

③ 马六进七　将5平6

④ 车六退三　士6进5

⑤ 车六平七（红优）

第243题

① 炮五进四

红方弃炮打象实施先弃后取战术。

① ……　　　象7进5

② 车五退二

正着！红方如改走车五进二，则炮2平7，车八进九，马3退2，炮九平三，炮3平9，黑优。

② ……　　　车2进6

③ 车五平三（红优）

第244题

① 炮五进五

以下黑方有象7进5吃炮和士5退4不吃炮两种走法。

着法1：象7进5

① ……　　　象7进5

② 马三进五　车4退2

③ 马五进三（红优）

着法2：士5退4

① ……　　　士5退4

② 马三进一

红方再弃一马，精彩！黑方防线被红方撕扯的四分五裂。

② ……　　　象7进9

③ 炮五平一　炮7平9

④ 炮四平五　士4进5

黑方如士6进5，则炮一平二，炮9平8，车一进五，炮8退1，车一退一，伏有车一平三的手段，红方大优。

⑤ 炮一平二　炮9平8

⑥ 车一进二

伏有车一平三的手段，红优。

第245题

① 炮五进四

红方弃炮抢攻，准备利用空头炮的优势，从中路发起攻势。

① ……　　　车4退2

黑方如车8进3，则车三平四，炮7平1，前车进五，将5进1，马二进四，车8平7，后车平八，红方胜势。

② 车三平四　炮7平2

③ 前车进五

③ ……　　　将5进1

④ 马二进四（红方大优）

154

第 246 题

① 兵三进一

红方弃炮抢攻的同时，为车一退一捉中炮闪出线路。以下黑方有车 6 进 1 吃炮和车 6 退 1 不吃炮两种选择。

着法 1：车 6 进 1

① ……　　　　车 6 进 1

② 车一退一　　车 6 退 1

黑方如改走车 6 平 7，则车一平五，车 7 退 3，马七进六，红优。

③ 马七进六　　马 7 进 9

④ 车一平五（红方大优）

着法 2：车 6 退 1

① ……　　　　车 6 退 1

② 炮四平三　　车 6 平 7

③ 马七进五　　车 7 进 1

④ 兵三进一

红方弃兵为下一着退车捉炮创造机会。

④ ……　　　　车 7 退 3

⑤ 车一退一　　马 7 进 9

⑥ 车一平五（红优）

第 247 题

① 马一进二

红方弃炮进马，着法精准。以下黑方有马 2 进 1 吃炮和马 2 进 4 不吃炮两种选择。

着法 1：马 2 进 1

① ……　　　　马 2 进 1

② 马二进三

进马是红方取胜的关键。

② ……　　　　马 1 退 3

③ 马三进一　　马 8 进 6

④ 车四进一（红方胜定）

着法 2：马 2 进 4

① ……　　　　马 2 进 4

② 马二进三　　马 4 退 5

③ 马三进二

黑方虽然延缓红方进攻，但是仍要付出失子的代价。

③ ……　　　　士 5 进 6

④ 马二退三　　车 1 平 7

⑤ 兵七平六

捉死黑马，红方胜势。

第 248 题

① 炮二平五

红方弃炮打象，黑方防线被撕开。

① ……　　　　后车平 8

② 车二进六　　象 3 进 5

③ 马七进五　　马 3 进 2

④ 车二平五（红优）

第 249 题

① 炮四进六

红方炮打底士，直接撕开黑方

防线。以下黑方有士5退6吃炮和车1进2不吃炮两种选择。

着法1：士5退6

① ⋯⋯　　　士5退6

② 车四进二

这是弃炮的后续手段。

② ⋯⋯　　　马3进5

黑方如后炮进1，则前马退三，马8进7，相三进一，黑方子力受制，红优。

③ 炮五进四　象5进3

④ 兵五进一（红优）

着法2：车1进2

① ⋯⋯　　　车1进2

② 车四进二　前炮平4

黑方平炮准备回防，顽强。如马3进5，则炮五进四，红方车四平五杀士后，伏有多种进攻手段。

③ 前马进三　车8平5

④ 马五进七　车5退2

⑤ 马三进五　炮4退3

⑥ 车四退五（红方大优）

第250题

① 炮五平三　象3进5

黑方如士5退4，则炮五平三抽炮，红方大优。

② 车五进一　车3退4

③ 兵一进一　马1进2

④ 车五平一（红优）

第251题

① 炮三进七

红方弃炮轰象，打开局面的好棋。

① ⋯⋯　　　象5退7

② 车二进五　炮6退2

③ 车二平三

换得双象后由于红方有马七进五的恶手，阻止了炮2平1兑车，双方互相牵制。

③ ⋯⋯　　　车3进2

④ 兵九进一

进边兵是良好的等着，静观其变，红方优势。

第252题

① 炮五平一　炮2平9

② 炮三进八　将4进1

③ 炮三退一　将4进1

黑方如改走炮6退1，则车二退一再车二平九，红方胜定。

④ 车二退一（红优）

第253题

① 炮五进五　象7进5

② 炮九平五

红方再架中炮是弃炮打象的后续手段。

② ⋯⋯　　　马3退4

黑方如改走炮1平7，则炮五进五，士5进6，车三平四，炮7退4，炮五平三，红方胜势。

③ 车六进七　　车2进2

④ 车三平一（红优）

第254题

① 炮五进二

红方弃炮轰象，打开胜利之门。以下黑方有车5退1吃炮和士5退4不吃炮两种选择。

着法1：车5退1

① ……　　　　车5退1

② 炮八平一　　士5退4

③ 炮一进三　　士6进5

④ 车八平二（红方大优）

着法2：士5退4

① ……　　　　士5退4

② 车三退二　　车5退1

③ 车三平七　　车5进3

④ 车七平六　　炮6平8

黑方如马4进5，则车六进二，马5进7，马七进六，士6进5，马六退五，马7进5，炮八平五，士5进4，车八进八，红方大优。

⑤ 车八平二　　炮8平5

⑥ 车六进三（红优）

第255题

① 前炮平三

红方弃炮叫杀，整住马腿，为红方得子创造机会。

① ……　　　　卒7进1

② 车七平四　　炮5进5

③ 相三进五　　卒7进1

④ 车四平三（红优）

第256题

① 炮一平三　　卒5进1

黑方如象5进7，则炮三进七绝杀。

② 马四进三　　车9退3

③ 前炮进四　　象5退7

④ 马三退二（红优）

第257题

① 炮二进六　　马7退8

② 车二进八

以下黑方有士5进6和炮6平7两种解杀走法。

着法1：士5进6

② ……　　　　士5进6

③ 炮三平二　　士6进5

黑方如炮6平3，则炮二进三，士6进5，车六进七，红优。

④ 炮二进三（红优）

着法2：炮6平7

② ……　　　　炮6平7

③ 炮三平二　　马8进6

④ 车二平三　　车5平6

157

⑤炮二平九（红优）

第258题

①炮三平一

红方弃炮闪车攻马，好棋。以下黑方有马7进9吃炮和士5进6不吃炮两种走法。

着法1：马7进9

①……　　　　马7进9

②车二进五　车6退3

③炮三退三　士5退6

④车二退三

红方退车捉死马，得回失子。以下黑方如炮5平7进行交换，则车二平一，炮7进3，炮三进三，士6进5，车一平四，炮7进2，炮三退七，形成红方得子的局面。

着法2：士5进6

①……　　　　士5进6

②炮一进三

红方沉底炮牵制黑炮，为双炮车进攻创造机会。

②……　　　　车4退5

③炮三退一　炮8进4

④车二进一　车4平7

黑方虽然没有失子，但是底线存在弱点，成为红方攻击的目标。

⑤车二进四　将5进1

⑥车三平八（红优）

第259题

①炮五进三

红方弃炮打士利用先弃后取战术，破坏黑方防守阵形。

①……　　　　士4进5

②兵五进一　将5进1

③车八平五　象7进5

④车五退三（红优）

第260题

①车四退五

红方弃炮捉车，为右车左调做准备。以下黑方有车7进1吃炮和车7退2不吃炮两种选择。

着法1：车7进1

①……　　　　车7进1

②马五退七　车7退3

黑方如炮4进1，则马七进九，马1退3，马九进七，炮4退1，炮九进三，马3进1，车四平六，红方大优。

③马七进六　车7退1

④炮九平五　象7进5

黑方如将5平4，则车四平六，红方有闪击手段。

⑤车四平六（红优）

着法2：车7退2

①……　　　　车7退2

②炮三进七

158

红方再度弃炮打象，引离黑车，不给黑车策应右翼的机会。

② ……　　　车7退4

③ 车四平八　士5退4

④ 车八进五（红优）

第261题

① 炮六进四　车3退1

黑方如士5退4，则车八平六，红方胜定。又如象5退3，则炮六平三，马5进6，车八平七，车3退1，炮三平七，红优。

② 炮六平三　车3平2

③ 炮三平八　车7平5

④ 车六平七

平车准备利用抽吃战术得子，并可以掩护九路马前进，红方大优。

④ ……　　　将5平6

⑤ 马九进七（红优）

第262题

① 马三退五

红方弃炮抢攻，争先的好棋。以下黑方有车8进2吃炮和士6进5不吃炮两种选择。

着法1：车8进2

① ……　　　车8进2

② 马五进六　将5进1

③ 车七平八　炮3平2

黑方如将5平6（如将5平4，

则车八进三，将4进1，马七退五绝杀），则马七进五，将6进1，马五退四，车8退1，车八平四，红优。

④ 车八进一　将5平6

⑤ 车八进二（红优）

着法2：士6进5

① ……　　　士6进5

② 兵三进一　炮3平7

③ 马七进五　象7进5

④ 车七进三　马9退7

黑方如改走车8进2，则车七平五，马9退8，马五进四，马8进6，马四退三吃炮，红方优势。

⑤ 炮二平七（红优）

第263题

① 车七进七

红方弃炮抢攻，抓住黑方"缺士怕双车"的弱点，一举确立优势。

① ……　　　车4平5

黑方如车4平8吃炮，则车七平五，下一步再车四进一绝杀。

② 炮二平九　车1平4

③ 炮九退七　士5退4

④ 兵三进一

红方再弃一兵，准备利用黑方底线的弱点再组攻势。

④ ……　　　卒7进1

⑤炮九平三（红优）

第264题

①炮八进七

红方弃还一炮好棋，沉底炮配合六路车直攻底线，简明有力。以下黑方有后马进6吃炮和前马退6不吃炮两种选择。

着法1：后马进6

①……　　　　后马进6

②车六进五　　将5进1

③车六平五　　将5平6

④车五平四　　将6平5

⑤车四退三

红方先弃后取大占优势。

着法2：前马退6

①……　　　　前马退6

②炮四平九　　车8平2

③炮八平九　　士6进5

④兵七进一

弃兵好棋，摆脱黑车对底炮的骚扰。

④……　　　　车2平3

黑方如象5进3，则后炮退二，车2退4，前炮退四，马7进6，车六平八，车2进5，马七进八，红方多子占优。

⑤仕六进五（红优）

第265题

①炮一退一

利用黑方中炮受牵制的弱点，红方退炮捉炮，似弃实捉。

①……　　　　马1进3

黑方如炮5平9，则马四进六，绝杀。

②马四进六　　士5进4

③炮一平五　　马3退5

④马三退四　　马6进8

⑤马四退五（红优）

第266题

①马五退三

红方弃炮抢攻，着法严谨。以下黑方有车8平9吃炮和炮3退7反弃一炮解杀两种选择。

着法1：车8平9

①……　　　　车8平9

②马三进四　　将5平4

③炮八平六　　马4进2

④车五平六　　马2退4

⑤车六进一（红胜）

着法2：炮3退7

①……　　　　炮3退7

②炮八平五　　车8平9

黑方如炮3平2，则车五进一，将5平4，车五平六，红胜。

③车五平七　　马4进5

④马三进五（红优）

第267题

①炮四进七

红方弃炮打士，突发冷箭。以下黑方有将5平6吃炮和象7进9不吃炮两种选择。

着法1：将5平6

①……　　　　　将5平6

②车一平四　　　马3进5

黑方如改走前车退3，则马五进三，将6平5，车四进四，红优。

③兵五进一　　　马5进7

④车四进四　　　将6平5

⑤车四平六

接下来伏有炮八进六的攻势，红优。

着法2：象7进9

①……　　　　　象7进9

②炮四退四　　　象9进7

③车一平四　　　炮5平6

黑方如改走前车退3，则兵七进一，卒3进1，炮八平七，炮8平6，车四平三，红优。

④马五进三　　　炮8进3

⑤马七进六（红优）

第268题

①前炮退三

红方弃炮，着法机警，化险为

夷的好棋。

①……　　　　　炮4平6

②前车平四　　　炮6平7

③车二进三

红方再弃兵抢攻，着法有力。

③……　　　　　车7进2

④马一进二　　　车7进2

如车7退2，则马二进一，黑方不好抵抗。

⑤车四进二

以下黑方如士5退6，则车二进一，士4进5，炮四进八，红方胜势。

第269题

①炮六进七

红方炮打底士，争先的好棋。

①……　　　　　将5平4

黑方如改走车4退4，则车四退三，炮5平3，炮八平九，车4进3，车八进五，红优。

②车四进一　　　炮5退1

黑方如改走将4进1，则炮八平九，象3进1，车八进四，将4进1，车四平六，炮5平4，炮九平六，红方胜势。

③炮八平九　　　马6退7

④车四退二　　　马7退8

⑤炮九进一

161

以下红方伏有车四平五或车八进五等多种攻击手段，红方大优。

第270题

① 炮三进五

红方炮轰底象，取势的关键。以下黑方有象5退7吃炮和炮9进4不吃炮两种选择。

着法1：象5退7

① ……　　　　象5退7

② 车三进一　士5退6

③ 车三退四　炮9平5

黑方如改走车4平8，则马二进三，车8进3，马三进四，炮9进4，马四进二，红优。

④ 车三平二　炮5进4

⑤ 仕四进五（红方优势）

着法2：炮9进4

① ……　　　　炮9进4

② 炮三平二　士5进4

③ 车三平二　马8退7

④ 马二进三　炮9平7

⑤ 炮二平一

以后红方有炮七平八的攻击手段，红方占优。

第271题

① 炮九平四

红方平炮打士，助攻三路马。以下黑方有士5退6吃炮和炮2退

2不吃炮两种应法。

着法1：士5退6

① ……　　　　士5退6

② 马三进四　将4平5

③ 马四退五

红方抽吃黑马后得回失子。

③ ……　　　　象5退3

④ 车九进五　象7进5

⑤ 兵三进一（红优）

着法2：炮2退2

① ……　　　　炮2退2

② 车九进五　马5退3

③ 炮四平八

交换简明，充分发挥多兵的优势。

③ ……　　　　车2退4

④ 车九平八　马3退2

⑤ 兵五进一（红优）

第272题

① 炮二平四

红方弃炮攻车，先弃后取，削弱黑方防守力量。

① ……　　　　车6平7

② 炮四平三　车7平6

③ 炮三进四　车2进3

④ 马四进二　车2退2

⑤ 炮三平一

红方三子归边，攻势猛烈。

第 273 题

① 马四进六　　车 2 平 3

② 马六进五　　车 3 退 3

黑方如改走炮 4 退 6，则车一平四，车 8 退 5，炮三平六，士 5 进 4，前车进五，士 4 进 5，前车平一，红优。

③ 车四进一

进车捉炮细腻，如直接走车一平四，则炮 1 平 8，红方麻烦。

③ ……　　　　炮 1 退 2

④ 车一平四　　炮 1 平 5

⑤ 炮三进二（红优）

第 274 题

① 兵五进一

红方冲兵弃炮，果断有力。以下黑方车 9 进 3 吃炮和炮 4 进 4 不吃炮两种选择。

着法 1：车 9 进 3

① ……　　　　车 9 进 3

② 兵五平六　　炮 4 退 1

黑方如士 4 进 5，则兵六进一，士 5 进 4，车八进七，马 3 退 4，车八平六，红方优势。

③ 兵六进一　　炮 4 平 8

④ 兵六平七　　卒 7 进 1

⑤ 马五进三（红优）

着法 2：炮 4 进 4

① ……　　　　炮 4 进 4

② 兵五进一　　车 9 进 3

③ 兵五平六　　马 3 退 1

④ 兵七进一

红方进七兵，防止黑方炮 4 平 1 保马。

④ ……　　　　卒 3 进 1

⑤ 车八进八（红优）

第 275 题

① 炮三平六

红方平炮打士，发挥双车快速进攻的优势。

① ……　　　　车 8 平 6

黑方如士 5 退 4，则车三进二绝杀。

② 车三进二　　士 5 退 6

③ 炮六平四　　车 6 退 8

④ 车三退一

红方退车作杀，弃炮的后续手段。

④ ……　　　　炮 5 进 4

⑤ 帅五进一

接下来伏有帅五平六的手段，红方大优。

第 276 题

① 马四进三

红方进马弃炮，抓住黑方左翼

空虚的弱点。

①……　　　车1进1

②马三进二　车1退1

③车八进一　象9进7

黑方进象闪通车路，如炮8平6，则马二退四，车1平9，炮一平六，马3退4，车八平四，红方少子有攻势，占优。

④车八平二　车1平9

⑤炮一平二（红优）

第277题

①车九平六

红方弃炮吃卒，控制肋线。以下黑方有车3平2吃炮和车8平6不吃炮两种选择。

着法1：车3平2

①……　　　车3平2

②车四平五

红方弃车堵塞，精妙。

②……　　　士6进5

③马四进三　将5平6

④车六平四　士5进6

⑤车四进四（红胜）

着法2：车8平6

①……　　　车8平6

②帅五平六

红方出帅助攻，紧凑。

②……　　　马1进3

③炮八进七

弃炮反攻黑方底线，简明！黑方无法解杀，红方胜定。

第278题

①兵六进一

红方弃炮冲兵，争先之着。以下黑方有马9进8吃炮和象5退7不吃炮两种选择。

着法1：马9进8

①……　　　马9进8

②兵六进一

红方冲兵紧凑，为车炮兵联合作杀创造条件。

②……　　　象5进3

③车四进二　将5退1

④兵六进一　车8退2

⑤兵三平二（红优）

着法2：象5退7

①……　　　象5退7

②车四进二　将5退1

③兵六进一

红方弃兵好棋，黑方已经难以应付。

③……　　　马9进8

黑方如车8平4，则炮二进三，象7进9，炮三进一绝杀。

④兵六进一　炮2平6

⑤兵三平二　车8平7

164

黑方如卒5平6，帅四平五，车8退1，车四退一，车8平7，兵六进一，将5平4，车四进二将军再车四退五吃卒，红方胜势。

⑥炮三平二（红优）

第279题

①炮六进五

红方弃炮打士，引离黑将。以下黑方有将5平4吃炮和马4退5不吃炮两种选择。

着法1：将5平4

①……　　　将5平4

②车八平六　炮7进3

黑方如先走将4平5，则车六进三，炮7进3，车六平四，士6进5，车四进二，以后车四平五再马三退五，红优。

③车六进三　将4平5

④车六平四　士6进5

⑤车四进二（红优）

着法2：马4退5

①……　　　马4退5

②马三进五　士6进5

③炮六退三

红方准备炮六平五平中炮作杀。

③……　　　马5退3

④车八平七　马3退2

⑤兵二平三　炮7平9

黑方如马2进4，则兵三进一，也是红优。

⑥炮六平五（红方占优）

第280题

①马七进八

红方弃炮的作用在于引离2路炮，之后可以抢得一个车四进二的先手。以下黑方有炮2进5吃炮和卒7平6不吃炮两种选择。

着法1：炮2进5

①……　　　炮2进5

②车四进二　马7进8

③车四平三　马8进6

④车三退五　马6退4

⑤兵五平六（红方主动）

着法2：卒7平6

①……　　　卒7平6

黑方反弃2路炮，抢攻红方三路底线。

②炮八进五　炮7进8

③仕四进五　车8进1

④车九进一　炮7平4

⑤仕五退四　炮4平6

以下红方如车九平四，则卒6平5再攻红炮，形成双方互有顾忌的局面。

第281题

①马五进七　马3进1

165

黑方如车1退2，则车八进三，车1退7，兵七平六，炮9退1，车八进三，马3退5，仕四进五，以后红方有马七进六再马六进四的攻击手段，红优。

②马七进六

红方再弃一马，都是利用黑方底线弱点展开的进攻手段。

② …… 　　炮9退1

③马六退八　炮9平3

④马八进九　将5平4

⑤马九进七（红优）

第282题

①炮三进七

红方弃炮打象引离黑方中象，为马五进三连续抢攻创造条件。如果直接走马五进三，则马9进7顶住红马，红方取胜反而要麻烦得多。

① …… 　　象5退7

②马五进三　士5进4

③马三进四　将5进1

④车三平五　将5平6

⑤车六进一（红方胜势）

红方也可炮五平四弃马叫将，黑方也是败势。

第283题

①马六进七

红方弃炮暗设陷阱，以下黑方有车6平7吃炮和马3退1不吃炮两种选择。

着法1：车6平7

① …… 　　车6平7

②炮八进四　车7平9

③炮八平一　车9进3

④车一平二　车9平4

⑤车八进二（红优）

着法2：马3退1

① …… 　　马3退1

②炮八进七

红方继续弃炮，伏有车八进八先弃后取的手段。

② …… 　　车6平7

③车八进八　炮8进1

④马七进九　士6进5

⑤车一平四

红方有攻势，占优。

第284题

①炮四进六　车9进2

②炮四平六

红炮连轰双士，先摧毁黑将的贴身防线。

② …… 　　将5平4

③车四进二　卒7进1

④炮八平三　车2进5

⑤马七退八

166

黑马被捉死，红方占优。

第285题

① 相三进五

红方飞相补厚中路的同时，吸引黑车离开肋线。以下黑方有车6平8吃炮和马3进5不吃炮两种选择。

着法1：车6平8

① ······ 　　车6平8

② 马三进四　　将5进1

③ 仕四进五

红方支仕，准备出肋车助攻。

③ ······ 　　炮8退1

④ 车七进二　　炮8平6

⑤ 车七进二（红优）

着法2：马3进5

① ······ 　　马3进5

② 马三进五　　车6平8

黑方通过交换，暂时化解肋线上的危机。

③ 马五退三　　炮8退1

④ 马三进四　　炮8平6

⑤ 马四退五（红优）

第286题

① 炮六进六　　士5退4

② 车八退三　　士4进5

③ 车八平五　　车4平6

黑方如马2退4，则车五平六，

车4进1，兵五进一，红优。

④ 车五平一　　马2退4

⑤ 车一平九

局面简化以后，红优。

第287题

① 炮七平三

红方弃炮削弱黑方攻势，为车兵进攻赢得时间。

① ······ 　　车8平7

② 兵六进一　　车7退4

③ 兵六平五

用兵破士，削弱黑方九宫内的防守力量，为车兵进攻扫清障碍。

③ ······ 　　将5进1

④ 车四进二　　将5退1

⑤ 兵七进一（红方大优）

第288题

① 车九进三

红方弃炮引入，把黑卒引到受攻的位置上。

① ······ 　　卒5进1

② 炮八进二

炮捉中卒，意在夺取中路控制权。

② ······ 　　炮5进2

③ 仕六进五　　士4进5

④ 炮八平五　　车1平4

⑤ 车三退一　　车4进8

167

⑥车九平八（红方占优）

第289题

①炮一平三

红方弃炮于车口，引离黑车。以下黑方有车7退3吃炮和炮7平9不吃炮两种选择。

着法1：车7退3

①……　　　　车7退3

②马三进四　　车7退3

黑方如车4进4，则马四进三，红方速度更快。

③马四进六　　马3进4

④兵一进一　　炮7进3

⑤兵一进一　　马4进5

⑥兵一进一（红优）

着法2：炮7平9

①……　　　　炮7平9

②车四平三　　象7进5

③车二平一　　车7进1

④车一进一　　车4进4

⑤马七进九（红优）

第290题

①炮五进二

红方弃炮打士，拉开攻坚战的序幕。

①……　　　　卒7进1

②炮五平二

红方平炮打车保持高压态势，

如炮五退三打卒，则士6进5，炮二进一，卒7进1，黑卒渡河驱马，局面将有所透松。

②……　　　　车8平9

黑方如车8进1，则炮二平五，马3进5，车二进五，红优。

③前炮平七　　车9平8

④车六进八

红方进车下二路叫杀，逼迫黑方底炮离开肋线，削弱其防守。

④……　　　　炮4平2

⑤炮二进一　　卒7进1

⑥马四退六（红优）

第291题

①炮六进七

红方炮轰底士，打开缺口。

①……　　　　车4平6

黑方如车4退4，则车九退一，红方胜势。

②仕五进四　　炮5平1

黑方如车6退3，则炮六退七，士5退4，马三进四，红方胜势。

③车九平八　　士5退4

④兵三进一　　车6退3

⑤马三进四　　车3平7

⑥马四进六

红方以后可以利用车马冷着获胜。

第 292 题

① 炮六进七

红方弃炮于士角，威胁炮六平一再车四平三得子。以下黑方有士5进4吃炮和马3进4不吃炮两种选择。

着法1：士5进4

① ……　　　　士5进4

② 车四进一　　将5进1

③ 车九平六　　将5平4

④ 车六进四　　马3退4

不给红方车四退一调整的机会，顽强。黑方如炮7进1，则车四退一，炮5退1，车四退一，红方得子。

⑤ 帅五平六　　车2退1

⑥ 马四进五（红优）

着法2：马3进4

① ……　　　　马3进4

② 兵三进一

红方弃兵好棋，黑方左右为难，不能兼顾。

② ……　　　　车8进1

黑方如车8平7，则炮六平一，象7进9，马四进六，炮7进1，马六进五，象3进5，车四平二，红方得子占优。

③ 马四进六　　士5进4

④ 兵三进一　　车8退4

⑤ 马六退四

保兵的同时给四路车生根，避开黑方炮7进8打将抽车的手段，红优。

第 293 题

① 炮五进五

红方炮打中象，迅速打开局面。以下黑方有象7进5吃炮和士5进4不吃炮两种选择。

着法1：象7进5

① ……　　　　象7进5

② 马四进五　　士5进6

③ 兵九进一　　将5进1

④ 马五进七　　车2平4

⑤ 帅六平五　　炮9平7

⑥ 兵九进一（红优）

着法2：士5进4

① ……　　　　士5进4

② 马四进二　　象7进5

③ 兵九进一　　士6进5

④ 兵九进一　　车2平4

⑤ 帅六平五　　车4平7

⑥ 车七进三（红优）

第 294 题

① 炮九平三

红方挥炮打象，打乱黑方防守阵形。以下黑方有象5退7吃炮和车3平2不吃炮两种选择。

着法1：象5退7

① ……　　　象5退7

② 车八平六　炮6平4

黑方如士5进4，则马四进五，象7进5，马五退七，象5进3，相五退三，红方以后炮一平五，大占优势。

③ 马四进五　象7进5

④ 马五退七　象5进3

⑤ 车六平七　马3进1

⑥ 兵九进一（红方大优）

着法2：车3平2

① ……　　　车3平2

② 车八平六　士5进4

③ 炮三平一　炮9退1

④ 车六平七　士4退5

⑤ 相五退三

以后保留炮一平六的机会，保持攻势。

⑤ ……　　　士5退4

⑥ 马七进六（红优）

第295题

① 炮九进三　马3退4

黑方如象3进1，则车八进二，马3退4，车八退六，红方抽车。

② 车八进二　车7进4

③ 炮九平七　马4进3

④ 炮七退一　士5退4

⑤ 车四进六

红方进车下二路，准备车四平六作杀。

⑤ ……　　　炮9进4

⑥ 车四平六（红方大优）

第296题

① 马五进七

红方弃炮上马，以子力换速度。以下黑方有卒3平2吃炮和象5进3不吃炮两种选择。

着法1：卒3平2

① ……　　　卒3平2

② 马七进八　车1平3

黑方不能车8进1防守，否则车二进三弃车砍炮再马八进七抽车，红优。

③ 车二进二　卒2平3

④ 马三进五　卒3平4

⑤ 车六进三　车8进1

⑥ 马八退七

以后红方可以马七进六进攻，红方占优。

着法2：象5进3

① ……　　　象5进3

黑方如改走炮2进2，则马七进六，车1平3，兵五进一，士6进5，车六平七，红方占优。

170

② 兵五进一

利用黑方中路空虚的弱点，红方中兵过河，发起进攻。

② ……　　　　士 4 进 5

③ 兵五平六　　卒 3 平 2

④ 兵六平七　　炮 2 进 2

⑤ 马七退五　　前马进 5

⑥ 车二平八（红优）

第 297 题

① 马六进八

红方弃炮抢攻，连续催杀。

① ……　　　　将 4 进 1

② 车九退一

红方继续作杀，不给黑方喘息之机。

② ……　　　　象 5 进 3

③ 马八退七　　将 4 平 5

④ 车九退一　　士 5 进 4

⑤ 车九平六　　将 5 退 1

⑥ 车六平四（红优）

第 298 题

① 炮六进七　　士 5 退 4

② 马五进四　　将 5 平 6

③ 后车进二　　车 3 平 4

④ 后车平三　　后车退 1

⑤ 车三平六　　车 4 退 3

⑥ 马四退五（红优）

第 299 题

① 马六进五

红方弃炮攻象，利用黑方子力位置上的弱点，发动闪电战。

① ……　　　　车 2 退 6

② 前马进七　　炮 5 平 4

③ 车九平六　　车 7 进 1

黑方如将 5 进 1，则车六进五，马 1 进 2，马五进四，黑方续走将 5 退 1，车六进一，马 2 退 3，马四进五，马 3 进 1，马五进三，车 7 进 1，车六平三，红方胜势。

④ 马五进四　　马 1 进 2

⑤ 马四进五　　车 7 平 5

⑥ 车三进一（红优）

第 300 题

① 炮五进二

红方弃炮打士，造成黑方防线产生弱点。以下黑方有士 6 进 5 吃炮和马 7 进 8 不吃炮两种选择。

着法 1：士 6 进 5

① ……　　　　士 6 进 5

② 马四退六　　马 7 进 8

③ 车四退一

红方退车坚守要道正着！如车四平三，则马 8 退 6，车三平六，马 6 进 5，黑马盘旋而上，红方后防有顾忌，不能全力进攻。

③ ……　　　　車 8 平 4

④ 車八进五　　卒 3 进 1

⑤ 車四进二　　車 4 退 4

⑥ 車四平二（红方优势）

着法 2：马 7 进 8

① ……　　　　马 7 进 8

② 马四进三　　炮 2 平 7

③ 車八进九　　車 4 退 4

④ 車四进五

红方进車杀士，先弃后取。

④ ……　　　　将 5 平 6

⑤ 車八平六　　将 6 进 1

⑥ 炮五平三（红优）

第 301 题

① 兵七平六

红方弃炮抢攻，发挥車马兵位置上的优势，围攻黑将。以下黑方有車 2 退 1 吃炮和将 5 平 6 不吃炮两种选择。

着法 1：車 2 退 1

① ……　　　　車 2 退 1

② 兵六进一　　将 5 退 1

③ 兵六进一　　将 5 进 1

④ 马七退六　　将 5 平 4

⑤ 马六进八　　将 4 平 5

⑥ 車六进四（红胜）

着法 2：将 5 平 6

① ……　　　　将 5 平 6

② 車六平四　　将 6 平 5

③ 車四平二　　将 5 平 6

④ 車二进四　　将 6 进 1

⑤ 車二退二　　将 6 退 1

⑥ 車二平五（红优）

第 302 题

① 马七进五

红方进马吃象，弃子抢攻。以下黑方有炮 3 进 5 吃炮和象 7 进 5 吃马两种选择。

着法 1：炮 3 进 5

① ……　　　　炮 3 进 5

② 马五进三　　将 5 平 4

③ 車二退二　　将 4 进 1

④ 車二平七　　士 5 进 6

⑤ 兵七进一　　車 2 退 1

⑥ 后马退四（红优）

着法 2：象 7 进 5

① ……　　　　象 7 进 5

② 马三进五　　士 5 进 4

③ 马五进三　　将 5 进 1

④ 炮七进五　　马 2 进 3

黑方如車 2 平 8，则車二进一，马 7 进 8，炮七退一，红优。

⑤ 車二进三（红优）

第 303 题

① 車八进六

红方弃炮进車，抓住黑方底线

弱点抢攻，正着。以下黑方有车8退9吃炮和车1平4不吃炮两种选择。

着法1：车8退9

① …… 　　　车8退9

② 车四进三　　士5退6

③ 车八平七（红胜）

着法2：车1平4

① …… 　　　车1平4

黑方如改走车1平3，红方同样炮二平四打士，士5退4，车四进二，车8退3，炮四平六，将5平4，车八退一，红方胜势。

② 炮二平四　　象7进5

③ 炮四平三　　将5平4

④ 车四进三　　马7退5

⑤ 马三进五　　车4平3

⑥ 炮三平五（红优）

第304题

① 炮五进五　　象7进5

② 车八平五　　卒7进1

黑方弃卒也是无奈之举，如马1进2，则炮六平二，黑方同样难以应付。

③ 兵三进一　　马1进2

④ 兵三进一　　车1进2

⑤ 车五退一　　马6退4

⑥ 车五退一（红优）

第四　弃兵

攻杀

第305题

① 兵五进一　　士4进5

② 车一进四（红胜）

第306题

① 兵六进一　　士5退4

② 马四进六（红胜）

第307题

① 兵六平五　　将6平5

② 车三进一（红胜）

第308题

① 兵五进一　　士4进5

② 车七进二（红胜）

第309题

① 兵四平五　　士6进5

② 车七退一（红胜）

第310题

① 兵四平五　　士4进5

② 车七进五（红胜）

第311题

① 炮九进三　　士5退6

② 兵四进一　　将6进1

③ 车五平四（红胜）

第312题

① 兵六平五　　将5进1

②马五进三　将5平6

③车五平四（红胜）

第313题

①兵三平四　将5平6

②炮七进八　士4进5

③车八平四（红胜）

第314题

①兵四进一　车8平6

②兵六平五　将5平4

③车四进三（红胜）

第315题

①车七进三　将4进1

②兵五平六　将4进1

③车七退二（红胜）

第316题

①兵五进一　士6进5

②车二进九　士5退6

③车二平四（红胜）

第317题

①兵三进一　将6平5

②马二进四　车6退4

③车三平四　马8退6

④车四进二（红胜）

第318题

①兵四进一　将5平6

②车五平四　将6平5

③马五进六　士5进4

④炮一平五（红胜）

第319题

①兵七平六　将5平4

②车三进三　将4退1

③马六进七　将4平5

④车三平五（红胜）

第320题

①兵四平五　炮5退2

②兵五平六

红方连弃双兵，为后续作杀创造机会。

②……　　车4退7

③炮四进一　炮5进2

④马四进五（红胜）

第321题

①兵七平六　马2退4

②兵五平六　将4平5

③炮一平五　士6进5

④车二进一（红胜）

第322题

①马六进七　将5退1

②车七进一　将5退1

③兵七平六　将5平4

④车七进一（红胜）

第323题

①马四退五　将5进1

②兵三平四　将5平6

174

③ 马五进六　将6平5

④ 车二进八（红胜）

第324题

① 帅五平六　马1进3

② 兵六进一

红方弃兵堵塞，为双炮作杀创造条件。

② ……　　　马3退4

③ 炮三进二　士6进5

④ 炮五平二　炮9平6

⑤ 炮二进七（红胜）

第325题

① 马三进二　将6平5

② 前马退四　将5进1

③ 兵七平六

红方弃兵为八路车照将创造条件。

③ ……　　　将5平4

黑方如将5平6，则炮六平四绝杀。

④ 车八进五　将4进1

⑤ 马四退五（红胜）

第326题

① 兵五平四

红方弃兵引入，取胜的关键。

① ……　　　将6进1

② 马一进三

正着！如果随手走车三进八将

军，则将6退1，红方无法作杀。

② ……　　　将6退1

③ 马三进二　将6进1

④ 车三进八　将6退1

⑤ 车三平五（红胜）

第327题

① 兵六平五　士4进5

② 车七进九　象1退3

③ 炮九进五

红方先弃兵破士，再弃车攻象，都是为九路炮照将创造条件。

③ ……　　　象3进5

④ 马八进七　士5退4

⑤ 车五进二（红胜）

第328题

① 兵四平五

红方弃兵引离黑方炮，为后续双炮马作杀创造条件。

① ……　　　炮5退8

② 马四退六　士5进4

③ 马六进八　士4退5

④ 炮四进八

红方再弃一炮，实施堵塞战术。

④ ……　　　士5退6

⑤ 马八退六（红胜）

第329题

① 兵三进一

红方弃兵为以后马一退三卧槽

腾挪出位置，取胜的关键。如直接兵四平五则将6平5，炮九进三，炮2退7，红方无杀。

① ……　　　象5退7

② 兵四平五　士5进6

黑方如将6平5，则马一退三，接下来再车四平六，红胜。

③ 车四进五　将6平5

④ 马一退三　将5进1

⑤ 车四进一　将5退1

⑥ 车四平六（红胜）

第330题

① 车二进五　象5退7

② 车二平三　将6进1

③ 兵六平五　将6平5

④ 车三退一　将5进1

⑤ 马四退六　将5平4

⑥ 炮四平六（红胜）

第331题

① 马四进二　将6平5

② 兵六进一

红方弃兵照将，实施堵塞战术。

② ……　　　士5进4

③ 马二退四　将5平6

④ 车六退一　将6退1

黑方如象7进5，则车六平五，将6退1，兵二平三，红胜。

⑤ 兵二平三　将6平5

⑥ 马四进五（红胜）

第332题

① 车八进四　炮4退2

② 兵四平五　将5进1

③ 车八退一　炮4进1

黑方如将5退1，则马五进三，卒6平5，车八平五，红胜。

④ 马五退四　将5平6

⑤ 车八平六　将6进1

⑥ 炮五平四（红胜）

第333题

① 马一进三　炮6进2

② 兵七平六

红方弃兵离引黑将，进一步缩小黑将的活动范围。如果车二进一，则将5退1，车二进一，象9退7，车二平三，将5进1，红方取胜要大费周章。

② ……　　　将5平4

③ 车二进一　士4进5

④ 兵六进一　将4退1

⑤ 兵六进一　将4平5

⑥ 车二平五（红胜）

第334题

① 兵二平三

红方弃兵为一路炮将军创造条件。

① ……　　　象5退7

② 炮一进九　象 7 进 9

③ 车一平四　将 6 进 1

④ 马四进二　将 6 退 1

⑤ 马二进三　将 6 进 1

⑥ 炮五平四（红胜）

第 335 题

① 兵六进一

红方弃兵破卫，让黑将暴露在己方的火力之下。

①……　　　将 5 平 4

② 车八进四　将 4 进 1

③ 炮一退一　士 6 退 5

④ 兵四平五

红方再度弃兵，战术目的相同。

④……　　　将 4 平 5

⑤ 马三进二　将 5 进 1

⑥ 车八平五（红胜）

第 336 题

① 兵六进一　将 5 平 4

② 马七进八　将 4 平 5

③ 后马进六　士 5 进 4

④ 马八退六　将 5 平 4

⑤ 马六进七　将 4 进 1

⑥ 兵五平六（红胜）

第 337 题

① 车三进一　将 4 进 1

② 兵六进一　将 4 进 1

③ 马四进六　车 6 平 4

④ 兵四平五

红方连续弃子，逐步缩小黑将的活动空间。

④……　　　将 4 平 5

⑤ 车三退二　士 5 进 6

⑥ 车三平四（红胜）

第 338 题

① 兵七平六

红方弃兵叫将，攻杀的要点。

①……　　　将 5 平 6

黑方如将 5 平 4，则马五退七，将 4 进 1，车三平六，红胜。

② 车三退一　将 6 进 1

③ 车三退一　将 6 退 1

④ 马五进六　炮 4 退 7

⑤ 兵六平五　将 6 退 1

⑥ 车三平四（红胜）

第 339 题

① 兵五进一　将 5 进 1

② 车四平五　将 5 平 6

③ 兵三进一　将 6 退 1

④ 兵三进一　将 6 进 1

⑤ 马一进二　将 6 进 1

⑥ 车五平四（红胜）

第 340 题

① 兵五进一　将 5 平 6

② 兵五平四　将 6 平 5

③ 兵四平五　将 5 平 4

④车七进五　将4退1

⑤车七进一　将4进1

⑥兵八平七（红胜）

争先、夺势、谋子

第341题

①兵六进一

红方弃兵破卫，削弱黑方防守力量。以下黑方有士5退4吃兵和将5平6不吃兵两种走法。

着法1：士5退4

①……　　　士5退4

②车八平三　象7进5

③车三平六（红优）

着法2：将5平6

①……　　　将5平6

②兵六平七　将6进1

③炮九退一

红方伏有得子手段，大占优势。

第342题

①兵七平六　车4退2

②炮七进三　将5进1

③车八平二（红优）

第343题

①兵九进一

红方弃兵攻马引离黑方1路车，以下黑方有车1退3吃兵和马1退2不吃兵两种选择。

着法1：车1退3

①……　　　车1退3

②前马进二　炮6平4

③马二退四

伏有炮四平三的杀棋手段，红方胜势。

着法2：马1退2

①……　　　马1退2

②前马进五　车1平4

③马五进七　马2进4

④炮六进六（红方大优）

第344题

①兵七进一

红方先弃兵抢攻黑车紧凑，如先走车一平三，则象3进5，红方扩先不易。

①……　　　车2平3

②车一平三　车3进2

黑方如象3进5，则炮八平五，炮8平9，炮二平一，红优。

③车三进三（红优）

第345题

①兵五进一　炮1退3

②兵一进一　马9退8

③兵五平六（红优）

第346题

①兵五进一　卒5进1

178

②马四进六　　车8进1

③马六退五（红优）

第347题

①兵三进一

红方冲兵是打破僵局的好棋。以下黑方有卒7进1吃兵和马8退7不吃兵两种走法。

着法1：卒7进1

①……　　　　卒7进1

②车六平二　　马8进7

③车二退三（红方主动）

着法2：马8退7

①……　　　　马8退7

②兵三进一　　车5进3

③车六进三

进车控制黑方7路马转移的线路。

③……　　　　马1进2

④兵三进一　　马2进3

黑方如马7退8，则车六平八，红方大优。

⑤兵三进一（红方主动）

第348题

①兵七进一

红方弃兵紧凑有力，以下黑方有卒3进1吃兵和马3退2不吃兵两种走法。

着法1：卒3进1

①……　　　　卒3进1

同样吃兵黑方也不能走象5进3吃卒，红方可以马八进七叫将，车3进1，车八进八，车3退1，车八平七，马3退4，车七退三，红优。

②马八进六　　将5平4

黑方如士5进3，则车四进三，将5进1，车八进七，红方速胜。

③马六进七　　象5退3

④车四平三（红优）

着法2：马3退2

①……　　　　马3退2

②兵七进一　　马2进1

③兵七平六（红优）

第349题

①兵三进一

针对黑方二路线上车炮受限的弱点，红方进兵攻车，抢先之着。以下黑方有车7进1吃兵和车7平9不吃兵两种走法。

着法1：车7进1

①……　　　　车7进1

②车四进二　　车5平4

③车二进六　　车7进1

④兵九进一（红优）

179

着法 2：车 7 平 9

① ……　　　　车 7 平 9

② 车二进六　　车 5 平 4

③ 车二平三　　士 5 退 6

④ 兵三进一　　车 4 退 4

⑤ 马八进六　　车 4 进 1

⑥ 兵三平四（红优）

第 350 题

① 兵七进一　　车 4 平 3

② 炮八平六　　车 3 平 4

③ 车八退一　　车 4 进 1

④ 车四进二（红优）

第 351 题

① 兵四进一　　车 6 退 3

② 车七进一　　象 3 进 1

③ 车八平六　　将 5 平 4

④ 车七退二（红优）

第 352 题

① 兵五进一

红方弃中兵抢攻，争先的好棋。以下黑方有卒 5 进 1 吃兵和炮 9 平 5 不吃兵两种下法。

着法 1：卒 5 进 1

① ……　　　　卒 5 进 1

② 炮七平六

红方伏有车八进三再车八平六的杀着。

② ……　　　　车 1 退 1

③ 车八进二　　士 5 进 6

④ 车八平六（红优）

着法 2：炮 9 平 5

① ……　　　　炮 9 平 5

② 炮七平五　　炮 5 进 2

③ 仕四进五　　卒 5 进 1

④ 车八进三　　士 5 退 4

⑤ 马四进三　　炮 4 平 6

黑方如将 5 进 1，则炮五平二，红方速胜。

⑥ 车八退二（红优）

第 353 题

① 兵七进一　　卒 3 进 1

黑方如车 6 平 7，则马七进五踩车打马，红方大优。

② 马七进八　　卒 3 进 1

③ 车二平七　　马 3 进 2

④ 车七进五（红优）

第 354 题

① 兵七进一

红方弃兵准备打破相持的局面，选点准确。以下黑方有象 5 进 3 吃兵和炮 4 平 7 不吃兵两种选择。

着法 1：象 5 进 3

① ……　　　　象 5 进 3

② 车二退二

红方退车捉双，是弃兵的后续手段。

②……　　　　　炮7进2

③车四进二　　象3进5

④车四平五（红优）

着法2：炮4平7

①……　　　　　炮4平7

②马三进五　　后炮平6

③兵七平六　　炮7退2

④车二退一　　马3退1

黑方退马无奈，否则2路车升不起来。

⑤马五进七（红优）

第355题

①车三平四

红方平车捉马，抛出弃兵诱饵。以下黑方有车2平4吃兵和马6退7不吃兵两种选择。

着法1：车2平4

①……　　　　　车2平4

②仕四进五　　车4平5

③马七进六　　马6退8

④车四平二　　马8退6

⑤马六退四

以下黑方如车5平2，则兵七进一，卒3进1，马四退六，红方得子大优。

着法2：马6退7

①……　　　　　马6退7

②仕四进五　　炮4退1

③车四退一　　炮4进2

④马三进四（红优）

第356题

①兵七进一

红方弃兵意在引离黑方3卒，准备闪击中路。以下黑方有卒3进1吃兵和炮8退2不吃兵两种走法。

着法1：卒3进1

①……　　　　　卒3进1

②车八进二　　士5退4

③前炮平五　　马7进5

④炮九进六（红优）

着法2：炮8退2

①……　　　　　炮8退2

②炮九进一　　车1平3

③车八进二　　士5退4

黑方如象5退3，则前炮进二，士5退4，后炮平五，象3进5，车八退六，士4进5，车八平九，红优。

④前炮平三　　卒3进1

⑤马六进七（红优）

第357题

①兵三进一

红方弃兵意在打破黑方防守阵形，特别是通过攻击占据防守要点的黑马为后续进攻创造条件。以下黑方有卒7进1吃兵和将5平6不吃兵两种选择。

着法1：卒7进1

① ……　　　卒7进1

② 前车平五　车2进1

③ 车六退三　车2退6

④ 车六进九

红方解将还将，奠定胜势。

④ ……　　　将5平4

⑤ 车五平八（红优）

着法2：将5平6

① ……　　　将5平6

② 后车平四　将6平5

③ 帅五平六

红方出帅解抽的同时兼有助攻手段。

③ ……　　　炮8进5

④ 车四退二　车8进6

⑤ 兵三进一　车8平3

⑥ 马三进五（红优）

第358题

① 兵五进一

红方弃兵吃象，简明有力。

① ……　　　象3进5

② 兵一进一　炮1进1

③ 车四进三

红方进车占据要道，摆脱牵制。

③ ……　　　炮1平5

④ 马三进五　车8退1

⑤ 车四平五（红优）

第359题

① 车六进五

红方进车弃兵，直击要点。

① ……　　　车2平7

② 马三进五　车7平5

③ 马五进七

在肋车的掩护下，红方子力迅速推进。

③ ……　　　马5进6

④ 炮三进二　马6进7

⑤ 帅五平六

红方有攻势，占优。

第360题

① 兵五进一

红方弃兵换象，中路突破。

① ……　　　象7进5

② 帅五平六　马7退5

黑方如改走马7进5，则车六进一，前炮平9，车六平五，车2平4，帅六平五，车4平3，炮五进五，士5进6，马七进五，红优。

③ 车六进三　后炮进3

④ 车六平五　炮3进2

⑤ 车五进一（红优）

第361题

① 兵三进一

红方弃兵为了对黑车形成牵制。

① ……　　　卒7进1

② 兵四平五　卒7进1

③ 兵五平四　马7进5

④ 炮三进二　马2进3

⑤ 马六进四（红优）

第362题

① 兵七进一

抓住黑方车炮受牵的弱点，红方弃兵抢先，争先巧手。

① ……　　　车2进1

② 马六退七　车2退5

③ 兵七进一　炮2平3

④ 车八进四

逼黑方主动兑车，红方借机抢了一先棋。

④ ……　　　车2进5

⑤ 马七进八（红优）

第363题

① 炮八平三　士5进4

黑方不能炮2退5吃兵，否则炮三平一，炮5平9，兵一进一，红方下一着炮一退一绝杀。

② 炮三平一　将6平5

③ 炮一退一　将5退1

④ 马二退四　将5平6

⑤ 兵八平九（红优）

第364题

① 兵七进一　车2平3

② 炮八进六　马6进7

黑方不能马3退2换炮，否则车八进九叫将后再车四进三杀棋，黑方立溃。

③ 炮八平九　车3平4

④ 车八进七　车4退2

⑤ 马七进八（红优）

第365题

① 兵三进一　马3进4

黑方进马防守红方马三进四的攻势，如走卒7进1，则马三进四，黑方双车必失其一。

② 马七进六　象3进1

③ 兵三平四　炮5平2

④ 车八进一　车4平2

⑤ 炮四进六（红优）

第366题

① 兵五进一　车5进1

黑方只能吃兵，如果离线避捉，红方可走车三平五，红方胜势。

② 兵七进一　马4退3

③ 炮四平二

红方如直接走炮四进八，则马3进1，兵七进一，马1进2，黑马被放出来，红方优势将被削弱。

③ ……　　　车5平8

④ 炮二平三　车8退1

⑤ 炮六退三（红优）

183

第 367 题

① 兵七进一

红方弃兵抓黑方右翼的弱点，逼迫黑方进行短兵相接的肉搏战。以下黑方有卒 3 进 1 吃兵和炮 9 平 5 不吃兵两种选择。

着法 1：卒 3 进 1

① ……　　　卒 3 进 1

② 炮七进四　炮 5 退 2

③ 车八进一　马 6 进 5

④ 相三进五　马 5 进 3

⑤ 仕四进五

以下黑方如续走马 3 退 4，则车八平七杀象，士 5 退 4，车七平九，红方车炮抽将，大占优势。

着法 2：炮 9 平 5

① ……　　　炮 9 平 5

② 炮七进三　马 3 退 4

③ 兵七平六　炮 5 退 1

④ 帅五平六（红优）

第 368 题

① 兵三进一

红方先进兵防止黑方借马 8 退 6 捉车的机会脱身。

① ……　　　马 9 退 7

② 兵七进一

弃兵引离黑车是上一着的后续，为捉死黑马创造条件。

② ……　　　车 4 平 3

③ 马五退七　车 3 平 2

④ 车五平二　马 7 进 8

⑤ 车二进一（红优）

第 369 题

① 兵七进一　车 2 平 3

② 马六进七　将 5 进 1

③ 车二进七　象 3 进 5

黑方如后炮平 3，则车二平七，炮 3 平 4，车七进二，以后车九平八，红方攻势猛烈。

④ 车九平八　炮 7 平 3

⑤ 车八进八

以下黑方如炮 3 平 4，则车二进一，马 9 退 7，炮六进一，车 6 退 4，炮六平三，红方优势；又如黑方将 5 退 1 弃还一炮，则车八平七，马 3 退 5，车七平六，红优。

第 370 题

① 兵七进一

红方如果直接走炮七平六，黑方则车 4 平 2 先手捉炮，红方尴尬。弃兵可给八路炮生根，便于后续的进攻。

① ……　　　象 5 进 3

黑方不能卒 3 进 1，否则炮七进五，炮 7 平 3，炮八平三，红方得子。

184

② 炮七平六　车 4 平 3

③ 车二进二　炮 1 进 6

④ 车二平三　马 7 退 8

⑤ 炮八进二（红优）

第 371 题

① 兵七进一

以下黑方有象 5 进 3 吃兵和炮 2 平 5 不吃兵两种走法。

着法 1：象 5 进 3

① ⋯⋯　　　象 5 进 3

② 兵五进一

红方抓住黑方中路空虚的弱点，冲兵攻击中路，好棋。

② ⋯⋯　　　士 6 进 5

③ 兵五平六　车 1 平 2

④ 兵六平七　炮 2 进 2

⑤ 兵七平八（红优）

着法 2：炮 2 平 5

① ⋯⋯　　　炮 2 平 5

② 兵七进一　马 7 进 6

③ 马六退八　马 3 进 5

④ 马八退六　炮 5 退 1

⑤ 车九平八（红优）

第 372 题

① 兵七进一

红方弃兵意在牵制黑方巡河线。

① ⋯⋯　　　卒 3 进 1

② 炮九进三　车 9 平 6

③ 车八进六　车 6 进 7

④ 马六退八　士 6 进 5

⑤ 马八进七（红方主动）

第 373 题

① 兵五进一

红方弃兵逼兑，准备从中路实施攻击。

① ⋯⋯　　　马 4 进 5

② 马三进五　卒 5 进 1

③ 车九平八　炮 8 平 7

④ 炮五进三　车 8 进 3

⑤ 炮八平五（红优）

第 374 题

① 兵五进一　马 8 进 6

黑方如卒 5 进 1，则马五退四，红方优势。

② 兵五进一　马 6 退 5

③ 炮八退五　炮 2 平 5

④ 炮八平五　炮 6 进 3

⑤ 炮五进五（红优）

第 375 题

① 兵五进一

以下黑方有卒 5 进 1 吃兵和马 4 进 3 不吃兵两种应法。

着法 1：卒 5 进 1

① ⋯⋯　　　卒 5 进 1

② 车四平六　马 4 退 3

③ 兵七进一　卒 3 进 1

④ 车六平七　炮 1 退 1

⑤ 马七进五（红方主动）

着法 2：马 4 进 3

① ……　　　马 4 进 3

② 兵五进一　车 8 进 6

③ 车四进二　车 8 平 7

④ 车四平三　马 7 退 6

⑤ 马三进五（红方主动）

第 376 题

① 兵三进一

红方弃兵攻击黑方 7 路线，简明有力。以下黑方有象 5 进 7 吃兵和炮 6 平 3 不吃兵两种选择。

着法 1：象 5 进 7

① ……　　　象 5 进 7

② 兵七进一　炮 6 平 3

③ 车七平六　炮 3 进 4

④ 马七进六（红方主动）

着法 2：炮 6 平 3

① ……　　　炮 6 平 3

② 车七平六　炮 3 进 5

③ 相七进九　马 3 进 2

④ 车六平七　象 5 进 7

⑤ 车七进三（红方主动）

第 377 题

① 炮八进一　炮 1 进 3

黑方如改走车 8 平 6，则马三退四，车 6 平 8，马六进七，红优。

② 马三进五　士 5 进 6

黑方如象 3 进 5，则炮八平五，士 5 退 6，炮五平九，红优。

③ 马六进七　象 3 进 5

④ 马七退九　象 5 退 3

⑤ 马九退七（红优）

第 378 题

① 兵五进一　车 6 平 4

黑方如马 4 进 2，则炮一平五，将 5 进 1，车二平六，红优。

② 炮一平五　马 4 进 3

③ 兵五平六　马 3 进 5

④ 马三进五　车 4 平 5

⑤ 炮五退一（红优）

第 379 题

① 兵五平六

红方弃兵准备从中路发起进攻，黑方有炮 2 平 4 吃兵和象 3 退 5 不吃兵两种走法。

着法 1：炮 2 平 4

① ……　　　炮 2 平 4

② 马五进六　车 9 平 5

③ 相七进五　马 3 进 4

④ 车四进二　象 3 退 5

⑤ 马七进六（红优）

着法 2：象 3 退 5

① ……　　　象 3 退 5

② 车八进四　马 3 进 4

③ 车八进一　马4进3

④ 车八进一（红优）

第380题

① 兵七进一

红方弃兵捉车，诱黑方肋车离线。以下黑方有车4平3吃兵和车4进3不吃兵两种选择。

着法1：车4平3

① ……　　　车4平3

② 车八平六　士6进5

③ 车三进四

红方准备双车夺士，实施连杀。

③ ……　　　士5进4

④ 马二进三　炮7平6

⑤ 车六退一（红优）

着法2：车4进3

① ……　　　车4进3

② 兵七进一　炮3平5

③ 兵七进一　车4平3

④ 相七进九　象5进7

⑤ 兵七平六（红优）

第381题

① 兵七进一　卒3进1

② 马八退六　前炮平3

③ 马六进七　车2进1

④ 马七退五　马7进5

⑤ 车五进一（红优）

第382题

① 前兵平四　车6平4

② 炮四平五　象7进5

③ 炮五进三　将5平6

④ 兵五进一　将6平5

⑤ 炮五进一（红优）

第383题

① 兵三进一　车6平7

② 马四进六　车7进1

③ 马六进七　将5进1

④ 车四进五　马7进8

⑤ 车四平二（红优）

第384题

① 兵三进一

红方弃兵腾挪四路马的线路，以下黑方有卒7进1和炮9退2两种选择。

着法1：卒7进1

① ……　　　卒7进1

② 马四进二　炮6退1

③ 炮八退二　马5进3

④ 马二退三　马3进4

⑤ 炮七平六（红优）

着法2：炮9退2

① ……　　　炮9退2

② 兵三进一　马5进7

③ 马四退五　炮6平7

④ 马三进一　卒5进1

⑤马五进七（红优）

第385题

①兵七进一

红方弃兵的作用在于拆散炮架，打破黑方在卒林线上的防守阵形。以下黑方有卒3进1吃兵和马3进5不吃兵两种选择。

着法1：卒3进1

① ……　　　　卒3进1

②车七平六　　车4进5

③马五进七　　将4平5

④车三平八

红方一车换双，形成三子归边之势。

④ ……　　　　卒3进1

⑤炮八进一　　士5退4

⑥车八平七

为八路炮下底腾挪位置，红方优势。

着法2：马3进5

① ……　　　　马3进5

②兵七进一　　车4进3

③兵七平八　　马8进6

④车三退二

红方如车三平四，则车8平6兑车，黑方可延缓红方攻势。

④ ……　　　　车8进4

⑤炮五平六　　将4平5

⑥兵五进一（红优）

第386题

①兵七进一

红方弃兵引离黑卒，为后续车双炮进攻创造有利条件。

① ……　　　　卒3进1

②炮五退一　　将5进1

③车六平七　　象3进1

④炮九平五　　将5平6

⑤后炮平四　　将6平5

⑥车七平五（红优）

第387题

①兵五平四

红方弃兵攻车，伏有先弃后取的手段。

① ……　　　　车6平7

黑方如车6进1，则炮三进三，将5进1，车二平四吃车。

②炮二平一　　象3退5

③炮一退二　　炮8退1

④车二进二　　车7平9

⑤车二进一　　将5进1

⑥车二平六（红优）

第388题

①兵三平二

红方弃兵细腻，如果直接走炮七进三，黑方马3退2！黑马守住要道，红方攻势一时不好开展。以

188

下黑方有车8退4吃兵和炮9进4不吃兵两种选择。

着法1：车8退4

① ······　　　车8退4

② 炮七进三

利用黑方车马受牵弱点，炮打底象，红方攻势展开更加从容。

② ······　　　车1进3

③ 仕五退六　　将5平4

④ 炮八进一　　将4进1

⑤ 车八进一　　将4进1

⑥ 仕四进五

红方以后炮八平九，黑方失车。

着法2：炮9进4

① ······　　　炮9进4

② 车八平七　　车8平2

③ 车七进二　　士5退4

④ 车一进三

红方弃车吃炮，意在引离黑方2路车。

④ ······　　　车2进3

⑤ 相五退七　　车1平9

⑥ 炮八平一

红方以后可以通过炮一进一再车七退二，车双炮兵组织攻势，红方大优。

第389题

① 兵五进一

红方弃中兵抢攻，把黑车引入到受攻位置。

① ······　　　车2平5

② 马六进四　　车7进1

③ 马三进五　　炮7平5

④ 马四退五　　车5平2

⑤ 炮五平三　　炮7平8

⑥ 车二平三（红优）

第390题

① 马四进五　　马8进6

② 车六进二

红方进车捉马是弃兵的后续手段。

② ······　　　马6退7

黑方如马6进8，则马五退三，马8退9，兵五进一，红优。

③ 车六平七　　车3进1

④ 马七退九　　车3退2

⑤ 炮九退二　　车3平5

⑥ 仕六进五（红优）

第391题

① 兵三平四　　车3平6

黑方如车3退2，则车二平三，车3进1，车三退四，红方胜势。

② 车二平三　　炮7退2

③ 车三退一　　车6平3

④ 马七退九　　车3平6

⑤ 兵五进一　　炮7平8

189

⑥车三平七

以后红方可以通过马九进七再车七平八调整攻击阵形，红方胜势。

第392题

①兵三进一

红方弃兵引离黑车，好棋！以下黑方有车8平7吃兵和车8退1不吃兵两种选择。

着法1：车8平7

①……　　　车8平7

②车八平六

红方平车卡肋，继续弃子抢攻。

②……　　　车7进2

③炮二进七　炮3进3

黑方如马7退8，则车二进九后，红方有炮五进四的先手，黑方很难防守。此时黑方准备抢攻，但是速度明显要慢于红方。

④炮二平一　炮3平7

⑤车二进八　马1退2

⑥车二平三（红优）

着法2：车8退1

①……　　　车8退1

②炮二平一　车8进5

③马三退二　炮3进3

④兵三进一

红方再次弃兵，制造出黑方7

路线上的弱点。

④……　　　卒7进1

⑤炮一平三　马7退9

⑥炮五进四（红优）

第393题

①兵三进一

红方弃兵削弱黑方中防，争先之着。以下黑方有象5进7吃兵和车4平5吃兵两种选择。

着法1：象5进7

①……　　　象5进7

②炮七平六　炮2平5

③炮六进六　将5平4

黑方如车4退4，则车九平五，车4进4，炮五平九，车4退1，红方可以再次弃炮走车五平八抢攻，红优。

④车九平五　炮5进2

⑤兵五进一　将4进1

⑥相五进七（红优）

着法2：车4平5

①……　　　车4平5

②马二退三　车5平6

③车九进二　卒3进1

④炮七平九（红优）

第394题

①兵七进一

红方弃兵是好棋！以下黑方有

190

炮 1 平 3 吃兵和后车退 1 不吃兵两种走法。

着法 1：炮 1 平 3

① ……　　　炮 1 平 3

② 马七进六　车 2 平 4

③ 马六进八　车 4 退 2

④ 车七平八　炮 2 退 5

⑤ 车八进四　象 3 进 5

⑥ 车九平三（红优）

着法 2：后车退 1

① ……　　　后车退 1

② 马六进八　后车平 1

③ 马八进九　车 2 退 3

④ 车七平九　车 2 平 1

⑤ 马七退八（红优）

第 395 题

① 兵七进一

红方弃兵引离，争先的好棋。以下黑方有车 4 平 3 吃兵和车 4 进 3 不吃兵两种选择。

着法 1：车 4 平 3

① ……　　　车 4 平 3

② 车七进四　象 5 进 3

③ 炮五进四

黑方虽然通过兑车简化局面，但是中路受攻的弱点成为失利的根源。

③ ……　　　马 5 进 4

④ 车八平五　马 4 退 5

⑤ 车五平六　马 5 进 7

⑥ 炮五退二（红优）

着法 2：车 4 进 3

① ……　　　车 4 进 3

② 炮五进四　车 8 进 3

黑方如改走车 4 平 7，则红方相七进五打死车。

③ 炮五退二　车 8 平 5

④ 相三退五　马 6 进 5

⑤ 马三进五　车 5 进 2

⑥ 马五进三（红优）

第 396 题

① 兵三进一

红方弃兵争先，以下黑方有车 4 平 7 吃兵和卒 7 进 1 吃兵两种走法。

着法 1：车 4 平 7

① ……　　　车 4 平 7

② 马一进二

进马是弃兵的后续手段，这样红马以后可以借助四路车的掩护跳上去。

② ……　　　车 7 平 1

③ 炮九平三　卒 3 进 1

④ 车四进五　车 1 退 1

⑤ 车四平二　车 1 平 7

⑥ 马七进五（红优）

着法 2：卒 7 进 1

① ……　　　　卒 7 进 1

② 车四进六　　车 4 平 1

③ 车四平七　　卒 7 进 1

④ 兵九进一

红方再次弃兵，利用引入战术限制黑车。

④ ……　　　　车 1 进 1

⑤ 炮九平八　　车 1 退 2

⑥ 相五进三（红优）

第 397 题

① 兵六进一

红方弃兵攻象，争先之着。以下黑方有士 5 进 4 吃兵和车 5 平 6 不吃兵两种选择。

着法 1：士 5 进 4

① ……　　　　士 5 进 4

② 炮四平八

红方平炮，准备攻击黑方防守薄弱的右翼。

② ……　　　　车 5 平 6

③ 前炮进一　　象 5 退 3

④ 车七进二　　将 5 平 6

⑤ 车七退四

红方如车七退六，则炮 5 退 6，红方扩先反而麻烦。

⑤ ……　　　　士 4 进 5

⑥ 车七平四　　马 7 进 6

⑦ 车二进六（红方占优）

着法 2：车 5 平 6

① ……　　　　车 5 平 6

② 车二平四　　车 6 进 5

③ 帅五平四　　士 5 进 4

④ 车七平六　　将 5 进 1

⑤ 车六退二　　炮 2 退 1

⑥ 炮四退三（红优）

第 398 题

① 炮四平二

红方平炮弃兵，抢攻黑方左翼。以下黑方有车 7 退 1 吃兵和马 5 进 3 不吃兵两种选择。

着法 1：车 7 退 1

① ……　　　　车 7 退 1

② 炮二进一　　马 5 退 7

③ 马四进六　　士 4 进 5

④ 车四进八　　车 7 平 8

⑤ 车四平五　　将 5 平 4

⑥ 炮二平一（红优）

着法 2：马 5 进 3

① ……　　　　马 5 进 3

② 炮二进一　　象 9 退 7

③ 马四进六　　士 4 进 5

④ 车四进八　　车 7 平 8

⑤ 马六进五　　车 8 退 4

⑥ 马五退七（红优）

第 399 题

① 兵三进一

红方弃兵是好棋！也是当前争先的唯一选择。

① ⋯⋯　　　卒 7 进 1

② 马八进七　士 6 进 5

③ 炮三进五　卒 7 进 1

④ 相五进三　车 8 进 1

⑤ 车二进一　炮 6 平 8

⑥ 马七进五（红方稍好）

第 400 题

① 兵三进一

红方弃兵保持子力的灵活性，是打破僵局的好棋。

① ⋯⋯　　　卒 7 进 1

② 马三进二　卒 7 平 6

③ 马二进三　炮 9 进 4

④ 车四进三　车 8 平 6

⑤ 车四进五　将 5 平 6

⑥ 马三退五（红优）